ADGD0064

CONTABILIDAD AVANZADA

ADGD0064

CONTABILIDAD AVANZADA

Ana García Alcázar

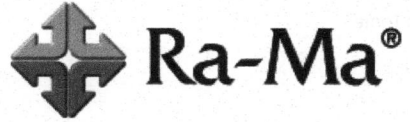

La ley prohíbe
fotocopiar este libro

ADGD0064 - CONTABILIDAD AVANZADA
Código THEMA: KFFM — Contabilidad financiera
Código BISAC: BUS001040 — BUSINESS & ECONOMICS / Accounting / Financial
© Ana García Alcázar
© De la edición: Ra-Ma 2026

Editado por:
RA-MA Editorial
Calle Jarama, 3A, Polígono Industrial Igarsa
28860 PARACUELLOS DE JARAMA, Madrid
Teléfono: 91 658 42 80
Fax: 91 662 81 39
Correo electrónico: info@grupoeditorialrama.com
Internet: www.ra-ma.es y www.ra-ma.com
ISBN impreso: 979-13-88059-31-5
Depósito legal: M-2796-2026
Maquetación: Antonio García Tomé
Diseño de portada: Antonio García Tomé
Filmación e impresión: Safekat
Impreso en España en enero de 2026

A Reme,
la madre que me acogió cuando más lo necesitaba
y que, junto a mi hermano, me inculcó los valores
que hoy sostienen todo lo que soy.

Gracias por ofrecerme
un espejo donde mirarme.

Índice

Sobre la autora

Ana García Alcázar es licencia en ADE y en Ciencias Empresariales por la Universidad Complutense de Madrid. Cuenta con más de veinte años de experiencia profesional en los ámbitos de la gestión financiera, la contabilidad y la administración pública.

Actualmente desempeña el cargo responsable de administración y contabilidad de entidades de formación donde coordina la planificación, ejecución y control presupuestario de proyectos de carácter público y privado financiados con fondos nacionales e internacionales.

A lo largo de su trayectoria, ha impulsado la implantación de herramientas digitales en la gestión económica y documental, contribuyendo activamente a la modernización administrativa y a la transformación digital del sector público.

Es autora de varias obras especializadas publicadas por Editorial RA-MA, entre ellas:

- *Firma Electrónica: Las Nuevas Tecnologías en la Comunicación*
- *Factura Digital (ADGG022PO)*
- *Firma Digital, Certificado Electrónico y Factura Electrónica*
- *La Firma Digital (IFCM012PO)*
- *Tesorería y Cálculo Financiero. Curso práctico*

Su perfil combina el rigor técnico con una clara vocación divulgativa, acercando al lector los fundamentos de la gestión económica moderna y el uso de las tecnologías aplicadas al ámbito financiero y formativo.

1

Interpretación de la documentación y de la normativa mercantil y contable

La gestión de cualquier empresa, independientemente de su tamaño, actividad o sector, se apoya en dos pilares fundamentales: **la documentación mercantil y contable** y **la normativa que regula su correcta utilización**. Estos elementos constituyen la base sobre la que se organiza la información económica y se garantiza la transparencia frente a accionistas, administraciones públicas, inversores, trabajadores y la sociedad en general.

En el día a día de una organización se generan múltiples documentos: contratos, facturas, albaranes, recibos, justificantes de pago, nóminas, extractos bancarios, entre muchos otros. Cada uno de ellos es un testimonio tangible de una operación económica, comercial o laboral que afecta de forma directa al patrimonio empresarial. La correcta interpretación de estos documentos no es una tarea rutinaria ni mecánica, sino un proceso que exige **conocimiento técnico, criterio profesional y dominio de la normativa vigente**.

A su vez, el marco jurídico que regula estas operaciones —formado por el **Código de Comercio**, el **Plan General de Contabilidad (PGC)**, la normativa fiscal y tributaria, así como diversas leyes mercantiles y laborales— establece criterios obligatorios que toda empresa debe seguir para garantizar que su información contable sea **fiable, comparable y verificable**. Este marco normativo no solo orienta la manera en la que deben registrarse los hechos contables, sino que también establece requisitos de conservación, plazos de archivo y obligaciones de transparencia frente a la Administración y terceros.

Comprender la documentación y la normativa contable no es únicamente una cuestión legal, sino también estratégica. Una factura mal interpretada, un contrato archivado incorrectamente o un registro contable realizado sin tener en cuenta la normativa pueden dar lugar a sanciones, a la pérdida de beneficios fiscales o incluso a problemas de imagen corporativa. Por el contrario, una gestión documental rigurosa y ajustada a la ley aporta seguridad, fiabilidad en la información financiera y capacidad de respuesta en auditorías o inspecciones.

Este primer capítulo tiene como finalidad introducir al lector en el conocimiento y análisis de los documentos mercantiles y contables más habituales, así como en la normativa que regula su emisión, archivo, conservación e interpretación. Para ello, se abordarán aspectos como:

- La naturaleza y función de los documentos justificantes que respaldan cada operación.

- La organización de los archivos documentales, tanto físicos como digitales.

- La obligatoriedad de los distintos libros contables y auxiliares.

- Los conceptos básicos de la empresa y las diferencias entre ingreso y cobro, gasto y pago.

- La normativa mercantil y contable que regula la validez de la documentación.

En definitiva, se trata de sentar las bases de un aprendizaje sólido que permita comprender cómo los documentos y las normas no son piezas aisladas, sino engranajes de un sistema que asegura la legalidad, la eficiencia y la transparencia en la gestión empresarial.

1.1 DOCUMENTACIÓN MERCANTIL Y CONTABLE

En cualquier actividad empresarial, ya sea de un autónomo con un pequeño negocio o de una gran multinacional, la documentación mercantil y contable constituye la base sobre la que se construye la gestión administrativa y financiera. Sin documentos que respalden cada operación, no habría posibilidad de demostrar ingresos, justificar gastos, cumplir obligaciones fiscales o acreditar derechos frente a terceros.

Por este motivo, el ordenamiento jurídico exige que toda empresa conserve, organice y archive su documentación siguiendo unas normas que garanticen la transparencia, la fiabilidad de la información y la posibilidad de control externo por parte de la Administración o de los propios socios.

En este apartado estudiaremos en detalle qué son los documentos justificantes, cómo deben organizarse, cuáles son los libros obligatorios y auxiliares, y por qué resultan imprescindibles para asegurar la legalidad y la eficiencia en la gestión contable.

1.1.1 Documentos justificantes mercantiles tipo y su interpretación

Todo hecho económico de la empresa debe quedar reflejado en un documento que lo acredite. Estos documentos justificantes son las pruebas materiales de que una operación se ha producido y sirven como base para su registro contable. Sin ellos, los asientos en los libros carecerían de respaldo legal y contable.

Principales documentos justificantes

- ▶ **Factura**: es el documento por excelencia en el tráfico mercantil. Contiene datos esenciales como el emisor, receptor, descripción de bienes o servicios, importe y el IVA correspondiente. Una factura no solo respalda un ingreso o un gasto, sino que además tiene consecuencias fiscales.

- ▶ **Recibo**: acredita que se ha efectuado un pago en metálico o mediante otro medio. Aunque suele ser más simple que una factura, también constituye prueba del movimiento de dinero.

- ▶ **Albarán o nota de entrega**: confirma la recepción de mercancías. Aunque por sí solo no tiene efectos fiscales, acompaña a la factura y facilita la trazabilidad de los bienes.

▰ **Cheques, pagarés y letras de cambio**: documentos financieros que acreditan operaciones de pago o crédito. Su interpretación es fundamental, ya que generan derechos y obligaciones entre las partes.

▰ **Contratos**: sirven para documentar acuerdos más complejos, como arrendamientos, préstamos o compraventas.

▌ **EJEMPLO**

Imaginemos que una empresa compra material informático por valor de 5.000 €.

El proveedor emite una **factura** con los datos del comprador y vendedor, detalla el material entregado y aplica el IVA correspondiente. Esa factura será el justificante que permitirá a la empresa contabilizar el gasto y, además, deducirse el IVA soportado en su liquidación trimestral.

Documento	Finalidad principal	Valor contable	Valor fiscal	Ejemplo
Factura	Registrar ingresos y gastos	Obligatorio como soporte de asiento	Obligatorio para IVA, IRPF e IS	Venta de mercancía
Recibo	Acreditar un pago ya realizado	Complemento de la contabilidad	No siempre fiscal	Pago de una cuota mensual
Albarán	Confirmar entrega de bienes	Sirve de apoyo a la factura	No tiene valor fiscal directo	Recepción de 100 cajas de producto
Contrato	Establecer derechos y obligaciones	Refuerza la validez contable	Puede tener repercusión fiscal	Contrato de arrendamiento
Letra/pagaré	Instrumento de cobro y financiación	Genera asiento contable	En ocasiones, sujeto a impuestos	Pagaré a 90 días

Tabla 1.1. Cuadro comparativo de documentos justificantes

1.1.2 Organización y archivo de documentos mercantiles

Tener la documentación no es suficiente; debe organizarse y archivarse de manera que sea accesible, fiable y cumpla con los plazos legales de conservación. Una factura perdida puede implicar no poder justificar un gasto ante Hacienda; un contrato mal archivado puede suponer la imposibilidad de reclamar judicialmente un derecho.

Sistemas de archivo

- ▼ **Archivo cronológico**: organiza los documentos por fechas. Es útil para facturas y recibos.

- ▼ **Archivo alfabético**: se ordena por el nombre de clientes o proveedores.

- ▼ **Archivo numérico**: asigna un número a cada expediente o factura, lo que facilita su búsqueda en bases de datos.

- ▼ **Archivo digital**: cada vez más extendido, utiliza programas de gestión documental que permiten clasificar, buscar y recuperar documentos mediante palabras clave o metadatos.

Plazos de conservación

La normativa mercantil y fiscal exige conservar la documentación durante un mínimo de **6 años** desde el último asiento contable. Este plazo lo establece el código de comercio. En el caso de facturas, el plazo fiscal de conservación para el IVA es de **4 años**, establecido por la Ley General Tributaria.

▋ EJEMPLO

Si en 2025 una empresa recibe una inspección de Hacienda, podrá ser requerida a presentar facturas de 2019. Si no dispone de ellas, se expone a sanciones económicas e incluso a la imposibilidad de deducir determinados gastos.

1.1.3 Libros contables obligatorios y auxiliares

Los documentos justifican las operaciones, pero su reflejo ordenado se realiza en los **libros contables**. Estos libros son registros oficiales en los que se anotan de manera sistemática los movimientos económicos de la empresa. La legislación mercantil establece cuáles son obligatorios y cómo deben llevarse.

Libros obligatorios

1. **Libro Diario**: recoge, día a día, todas las operaciones que afectan al patrimonio de la empresa. Cada anotación debe estar respaldada por un documento justificante.

2. **Libro de Inventarios y Cuentas Anuales**: incluye el inventario inicial, los balances trimestrales y las cuentas anuales. Es clave para conocer la situación patrimonial y financiera.

3. **Cuentas Anuales**: comprenden el balance, la cuenta de pérdidas y ganancias, el estado de cambios en el patrimonio neto, el estado de flujos de efectivo y la memoria.

Libros auxiliares

Además de los anteriores, muchas empresas utilizan libros auxiliares que facilitan el control de operaciones específicas:

- **Libro de caja**: controla entradas y salidas de efectivo.

- **Libro de bancos**: registra los movimientos en cuentas bancarias.

- **Libro de IVA soportado y repercutido**: facilita la liquidación trimestral del impuesto.

- **Libro mayor**: aunque no siempre obligatorio, es muy útil para organizar las cuentas y realizar balances de comprobación.

EJEMPLO

Una pequeña empresa que factura 200.000 € anuales debe llevar, como mínimo, el Libro Diario y el Libro de Inventarios y Cuentas Anuales. Si además gestiona gran cantidad de operaciones en efectivo, le resultará práctico mantener un Libro de Caja.

Nota

Es importante recordar que, desde la Ley 14/2013 de apoyo a los emprendedores, la legalización de los libros contables debe realizarse obligatoriamente en formato electrónico, presentándolos en el Registro Mercantil de forma telemática.

Conclusión

La documentación mercantil y contable constituye la columna vertebral de la empresa. Los documentos justificantes acreditan cada operación; el archivo asegura su conservación y accesibilidad; y los libros contables organizan la información para que pueda ser analizada, controlada y presentada ante terceros.

Un buen conocimiento de estos elementos no solo evita sanciones y problemas legales, sino que también permite a la empresa disponer de información veraz y oportuna para la toma de decisiones.

1.2 LA EMPRESA: CLASES DE EMPRESAS

Cuando hablamos de la empresa, no nos referimos únicamente a un lugar físico en el que se produce un bien o se presta un servicio, ni tampoco solo a una figura jurídica regulada por la ley. La empresa es, ante todo, una institución que articula buena parte de la vida económica, social y laboral de un país. Constituye el espacio en el que se generan puestos de trabajo, se transforman los recursos en productos de utilidad y se canaliza el talento humano hacia objetivos productivos.

Sin embargo, para comprender de forma adecuada el papel de la empresa en la contabilidad, es necesario reconocer que no todas son iguales: existen empresas pequeñas y grandes, con capital privado o público, de naturaleza individual o colectiva, que operan en sectores tradicionales o en industrias altamente tecnológicas. Esta diversidad no es anecdótica; determina aspectos esenciales de su funcionamiento, como la normativa contable aplicable, la forma de financiación, las obligaciones legales y fiscales o las responsabilidades de sus socios.

En este apartado abordaremos las principales formas de clasificación de las empresas, analizando con detalle sus características, ventajas e inconvenientes, y aportando ejemplos prácticos que ayuden a fijar los conceptos.

1.2.1 Concepto general de empresa

Antes de adentrarnos en las clasificaciones, resulta imprescindible detenernos en el propio concepto de empresa. Desde el punto de vista económico, la empresa puede definirse como una **unidad de producción** que combina distintos recursos —humanos, materiales y financieros— para transformarlos en bienes y servicios que satisfacen necesidades humanas. Pero esta definición, aunque válida, resulta incompleta si no se tiene en cuenta que la empresa es también:

- ▶ **Una unidad social**, integrada por personas que colaboran y establecen relaciones de cooperación, jerarquía y compromiso.

- ▶ **Una unidad de decisión**, ya que en ella se adoptan estrategias que influyen no solo en su supervivencia, sino también en su impacto sobre el entorno económico y social.

- ▶ **Una unidad jurídica**, reconocida y regulada por la legislación mercantil y fiscal.

Desde el punto de vista contable, es fundamental entender que la empresa actúa como un **sujeto económico independiente**, que dispone de un patrimonio propio y que responde ante terceros de sus decisiones. Así, por ejemplo, cuando un empresario individual abre un negocio, se produce una separación entre su patrimonio personal y el patrimonio afecto a la actividad, aunque en determinados casos ambos queden vinculados en cuanto a responsabilidades legales.

1.2.2 Clasificación según la titularidad del capital

Una de las formas más habituales de clasificar las empresas consiste en observar de dónde procede el capital que las financia. La titularidad del capital no solo determina el control de la organización, sino también su finalidad última y la forma en que se gestionan sus recursos.

Las **empresas privadas** son aquellas cuyo capital pertenece a particulares. Pueden estar formadas por un único empresario (autónomo) o por socios que aportan recursos. Su objetivo principal es la obtención de beneficios, aunque cada vez más empresas privadas incluyen también metas de sostenibilidad, responsabilidad social o innovación tecnológica. Un ejemplo claro es **Inditex**, empresa española que opera en el sector textil y cuya expansión internacional ha sido posible gracias al capital aportado por inversores privados.

Las **empresas públicas**, por el contrario, son propiedad del Estado o de una Administración pública (autonómica, provincial o local). Su finalidad no es necesariamente obtener beneficios, sino garantizar la prestación de servicios de interés general. Pensemos en **Renfe**, que gestiona el transporte ferroviario en España: aunque genera ingresos por la venta de billetes, su función principal es asegurar un servicio básico para la movilidad de los ciudadanos.

Finalmente, encontramos las **empresas mixtas**, que combinan capital público y privado. Este modelo permite unir la eficiencia y la flexibilidad de la gestión privada con la supervisión del Estado. Un buen ejemplo lo encontramos en **AENA**, que gestiona aeropuertos en España: aunque nació como empresa pública, en la actualidad tiene participación privada en su capital.

1.2.3 Clasificación según el tamaño

La dimensión de una empresa es otro criterio fundamental de clasificación. El tamaño no se limita al número de empleados; también se mide por el volumen de facturación, los activos totales o el alcance geográfico de sus operaciones. El tamaño condiciona aspectos esenciales como la estructura organizativa, la normativa contable aplicable y la capacidad para competir en distintos mercados.

- Las **microempresas** son aquellas que cuentan con menos de 10 empleados y un volumen de facturación muy reducido. Suelen estar gestionadas directamente por el propietario, sin una estructura jerárquica compleja. Ejemplo: una tienda de barrio o un pequeño estudio de diseño gráfico.

- Las **pequeñas empresas** disponen de hasta 49 trabajadores y una facturación moderada. Normalmente, operan a nivel local o regional y comienzan a necesitar una mínima organización administrativa y contable.

- Las **medianas empresas** cuentan con entre 50 y 249 trabajadores. A menudo poseen distintos departamentos (recursos humanos, producción, marketing) y requieren una contabilidad más compleja, aunque pueden aplicar el **Plan General de Contabilidad para PYMES**.

- Las **grandes empresas** superan los 250 trabajadores y operan a gran escala, a menudo en mercados internacionales. Su volumen de negocio exige la aplicación del **Plan General de Contabilidad ordinario** o incluso las **Normas Internacionales de Información Financiera (NIIF)**.

Un ejemplo puede ayudarnos a visualizar estas diferencias: un autónomo que abre una panadería en su barrio gestionará su contabilidad de forma muy distinta a una multinacional como **Telefónica**, que opera en numerosos países y debe presentar cuentas consolidadas siguiendo estándares internacionales.

1.2.4 Clasificación según la forma jurídica

Otro criterio esencial es la **forma jurídica** que adopta la empresa al constituirse. Esta elección no es menor: determina la responsabilidad de los socios, la estructura de gobierno, las obligaciones fiscales y la imagen de la organización frente a terceros.

- El **empresario individual** o autónomo desarrolla la actividad a título personal. Responde con todo su patrimonio, lo que supone un riesgo elevado, aunque al mismo tiempo goza de simplicidad administrativa.

- La **Sociedad Limitada (S.L.)** es una de las formas más frecuentes en España, sobre todo para pequeñas y medianas empresas. La responsabilidad de los socios está limitada al capital aportado (mínimo de 3.000 €), lo que otorga seguridad jurídica.

▶ La **Sociedad Anónima (S.A.)** exige un capital mínimo de 60.000 € y permite dividirlo en acciones. Este modelo facilita la captación de grandes inversores y es habitual en empresas de gran tamaño.

▶ Las **cooperativas** son sociedades en las que los socios participan en pie de igualdad, tanto en la gestión como en los resultados. Su finalidad va más allá del beneficio económico: persiguen el desarrollo social y el bienestar de sus miembros.

▶ Existen, además, formas jurídicas más sencillas como las **comunidades de bienes** o las **sociedades civiles**, que suelen emplearse para proyectos de menor envergadura o la **sociedad comanditaria** (simple o por acciones).

Cada una de estas formas jurídicas tiene un reflejo contable distinto. Por ejemplo, en una sociedad limitada, el capital social debe figurar claramente en el balance, mientras que en un autónomo el patrimonio empresarial se confunde con el personal.

1.2.5 Clasificación según el sector de actividad

El sector económico en el que se enmarca la empresa define su papel en el conjunto de la economía. No es lo mismo contabilizar una explotación agrícola que una empresa tecnológica de software.

▶ El **sector primario** agrupa a las empresas dedicadas a la extracción y obtención de recursos naturales: agricultura, ganadería, pesca o minería.

▶ El **sector secundario** incluye las actividades industriales, donde se transforman las materias primas en productos elaborados. Un ejemplo es una fábrica de automóviles.

▶ El **sector terciario** engloba las actividades de servicios: comercio, transporte, turismo, educación, sanidad. Hoy en día es el más relevante en las economías avanzadas.

▶ El **sector cuaternario** hace referencia a aquellas actividades basadas en el conocimiento y la innovación: investigación, desarrollo, telecomunicaciones, inteligencia artificial.

En la práctica contable, cada sector presenta particularidades. Una empresa del sector primario puede manejar inventarios de productos perecederos, mientras que una tecnológica gestiona principalmente activos intangibles como el software o las patentes.

1.2.6 Clasificación según el ámbito geográfico

El área en el que la empresa desarrolla sus operaciones es otro criterio de diferenciación.

- ▶ Una **empresa local** limita su actividad a una ciudad o comarca.

- ▶ Una **empresa nacional** opera en todo el territorio de un país.

- ▶ Una **empresa multinacional** desarrolla su actividad en varios países, pero con sede principal en uno de ellos.

- ▶ Una **empresa global** tiene una presencia en prácticamente todos los mercados y organiza su producción de forma descentralizada.

La dimensión geográfica influye en la normativa contable aplicable. Mientras que una empresa local puede regirse únicamente por la legislación española, una multinacional debe combinar la normativa nacional con las normas internacionales (NIIF).

1.2.7 Relevancia práctica de la clasificación

Conocer estas clasificaciones no es un mero ejercicio teórico. En la práctica, permiten al contable y al gestor administrativo tomar decisiones adecuadas. Por ejemplo:

- ▶ Una gran empresa debe aplicar auditorías externas, mientras que una microempresa no está obligada.

- ▶ Una cooperativa debe reflejar en sus cuentas la participación equitativa de los socios.

- ▶ Una empresa pública se financia a menudo con presupuestos generales, mientras que una privada depende de sus ventas o del capital aportado por socios e inversores.

La empresa, en todas sus formas, es un actor fundamental de la economía. Comprender su clasificación en función del capital, tamaño, forma jurídica, sector y ámbito geográfico es indispensable para interpretar la normativa mercantil y aplicar de forma correcta las técnicas contables. En definitiva, antes de registrar un asiento o elaborar un balance, el contable debe responder a una pregunta clave: **¿qué tipo de empresa estoy analizando?**

1.3 CONCEPTOS BÁSICOS: INGRESO-COBRO; GASTO-PAGO

Antes de profundizar en el manejo de aplicaciones informáticas de contabilidad y en el registro de operaciones concretas, es imprescindible que el lector comprenda algunos **conceptos fundamentales** que diferencian la **contabilidad económica** de la **gestión de tesorería**.

En el día a día de una empresa se habla con frecuencia de **ingresos**, **cobros**, **gastos** y **pagos**, pero no siempre se utilizan con propiedad. Estos términos, aunque relacionados, no son equivalentes y es importante diferenciarlos correctamente, ya que de su confusión pueden derivarse errores en la interpretación de los estados contables y en la gestión financiera.

La contabilidad trabaja con el **principio del devengo**, lo que significa que los **ingresos** y **gastos** se registran en el momento en que se generan, con independencia de cuándo se produzca el **cobro** o el **pago**. Por tanto, la información contable no se limita a reflejar los movimientos de caja o bancos, sino que muestra la realidad económica de la empresa en cada instante.

Conceptos básicos: Ingreso - Cobro ; Gasto - Pago

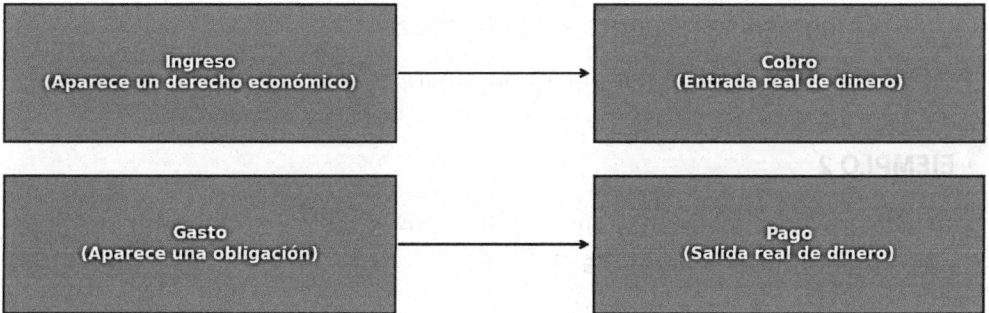

Comprender esta distinción permitirá al lector:

⚐ Diferenciar entre la visión **económica** (ingresos y gastos) y la visión **financiera** (cobros y pagos).

⚐ Interpretar con mayor rigor los balances y cuentas de resultados.

⚐ Evitar errores comunes como confundir beneficios con liquidez.

1.3.1 Ingreso

Un **ingreso** es el **derecho económico generado por la empresa como consecuencia de su actividad**, independientemente de cuándo se perciba el dinero. Puede provenir de distintas fuentes:

⚐ **Ventas de bienes o servicios**: cuando la empresa entrega un producto o presta un servicio.

⚐ **Rendimientos financieros**: intereses por depósitos, dividendos de acciones, etc.

⚐ **Otros ingresos**: alquileres cobrados, subvenciones, indemnizaciones recibidas.

El ingreso no depende de cuándo el cliente pague, sino de **cuándo la empresa entrega el bien o presta el servicio**.

EJEMPLO 1

Una empresa vende mercancía por 5.000 € el 10 de marzo, emitiendo factura con vencimiento a 60 días.

⚐ El **ingreso** se reconoce el 10 de marzo.

⚐ El **cobro** se producirá el 10 de mayo, cuando el cliente pague.

EJEMPLO 2

Un arrendador factura un alquiler mensual de 800 € el 1 de abril, aunque el inquilino paga el día 15.

⚐ **Ingreso**: 1 de abril.

⚐ **Cobro**: 15 de abril.

1.3.2 Cobro

El **cobro** es la **entrada real de dinero en la tesorería de la empresa**. Puede materializarse en distintas formas: efectivo, transferencia bancaria, cheque, pagaré, domiciliación o incluso compensación de deudas.

▼ Se registra en el momento en que la empresa recibe efectivamente los fondos.

▼ No siempre coincide con el momento del ingreso, ya que depende de las condiciones de pago pactadas.

▌ EJEMPLO 1

La venta de 5.000 € del ejemplo anterior se cobra el 10 de mayo mediante transferencia bancaria. Ese día se produce el **cobro**, aunque el ingreso ya estaba registrado en marzo.

▌ EJEMPLO 2

Un cliente paga por adelantado 3.000 € en enero por un servicio que la empresa prestará en febrero.

▼ **Cobro**: enero (entra el dinero en caja).

▼ **Ingreso**: febrero (cuando se presta el servicio).

> ⓘ **Nota**
>
> El cobro anticipado no constituye un ingreso en contabilidad hasta que se cumpla la prestación; mientras tanto, se registra como un pasivo (anticipo de clientes).

1.3.3 Gasto

El **gasto** es la **obligación económica que surge para la empresa como consecuencia del consumo de un recurso o servicio necesario para desarrollar su actividad**.

▼ El gasto se reconoce en el momento en que se produce el consumo, no cuando se paga.

▼ Puede tratarse de gastos de explotación (sueldos, suministros, alquileres), financieros (intereses) o extraordinarios.

EJEMPLO 1

La empresa recibe una factura de electricidad por valor de 1.200 € el 5 de abril, correspondiente al consumo del mes de marzo.

- ▶ El **gasto** debe registrarse en marzo (cuando se consumió la electricidad).

- ▶ El **pago** se realizará en abril, cuando venza la factura.

EJEMPLO 2

Se contrata un seguro anual el 1 de enero por importe de 1.800 €.

- ▶ El gasto se distribuye mes a mes (150 € cada mes) según el principio de devengo.

- ▶ El pago puede haberse hecho en enero (todo de una vez) o de forma fraccionada.

1.3.4 Pago

El **pago** es la **salida efectiva de dinero** de la empresa para satisfacer una obligación contraída.

- ▶ Se produce cuando se entrega efectivo, se hace una transferencia, se carga un recibo domiciliado o se entrega cualquier otro medio de pago aceptado.

- ▶ No coincide necesariamente con el momento en que se reconoce el gasto.

EJEMPLO 1

La factura de electricidad de marzo (1.200 €) se paga el 10 de abril. Ese día se produce el **pago**, aunque el gasto ya estaba contabilizado en marzo.

▌ EJEMPLO 2

Una empresa paga por adelantado 6 meses de alquiler (6.000 €) en enero.

- ▼ **Pago**: enero.

- ▼ **Gasto**: se devenga mensualmente (1.000 € cada mes de enero a junio).

1.3.5 Diferencias fundamentales

En este cuadro se pueden observar las diferencias de forma resumida.

Concepto	Definición	Momento de registro	Relación con tesorería
Ingreso	Derecho económico derivado de una operación	Cuando se produce la venta o prestación del servicio	No implica necesariamente entrada inmediata de dinero
Cobro	Entrada efectiva de dinero en caja o banco	Cuando se recibe el dinero	Sí afecta directamente a la tesorería
Gasto	Consumo de recursos o servicios necesarios para la actividad	En el momento en que se produce el consumo	No implica salida inmediata de dinero
Pago	Salida real de dinero de la tesorería	Cuando se entrega el dinero al acreedor	Sí afecta directamente a la tesorería

Concepto	Definición	Registro contable	Tesorería
Ingreso	Venta de producto o servicio	Inmediato	No implica entrada de dinero inmediata
Cobro	Entrada de dinero en caja o banco	No contable directo	Impacta en tesorería (posterior o anticipada)
Gasto	Consumo de un recurso o servicio	Inmediato	No implica salida de dinero inmediata
Pago	Salida de dinero en caja o banco	No contable directo	Impacta en tesorería (posterior o anticipada)

Con esta tabla se entiende que **Ingreso ≠ Cobro** y **Gasto ≠ Pago**:

▼ Los ingresos y gastos se registran en contabilidad en el momento de la operación.

▼ Los cobros y pagos afectan a la tesorería cuando entra o sale el dinero, pudiendo ser en otro momento distinto.

Conclusión

*Comprender la diferencia entre **ingreso y cobro** y entre **gasto y pago** es esencial para toda persona que se inicie en la contabilidad. Estos conceptos, aunque puedan parecer similares en el lenguaje cotidiano, tienen implicaciones muy diferentes en la gestión contable y financiera.*

*El principio de devengo garantiza que la información reflejada en las cuentas anuales sea fiel y coherente con la realidad económica de la empresa. Sin embargo, la tesorería se rige por cobros y pagos, lo que obliga a los responsables de administración y finanzas a manejar simultáneamente ambas perspectivas: la **contable** y la **financiera**.*

1.3.6 Importancia del principio de devengo

El **Plan General de Contabilidad (PGC)** establece que los ingresos y gastos deben contabilizarse aplicando el **principio de devengo**, que obliga a registrar cada operación en el momento en que ocurre, y no en el de su cobro o pago.

Esto garantiza que las cuentas anuales reflejen la **imagen fiel de la situación patrimonial y financiera** de la empresa.

EJEMPLO

▼ Venta de productos: 20.000 € en marzo (ingreso en marzo, cobro en mayo).

▼ Compra de mercancías: 12.000 € en marzo (gasto en marzo, pago en abril).

Resultado contable de marzo:

▼ Ingresos: 20.000 €

▼ Gastos: 12.000 €

▼ Beneficio: 8.000 €

Tesorería en marzo: no varía, ya que no hubo cobros ni pagos.

1.3.7 Relevancia en la gestión empresarial

La correcta distinción entre ingreso y cobro, gasto y pago tiene repercusiones en tres ámbitos principales:

▼ **Gestión contable**

- Evita errores en el registro de operaciones.
- Permite elaborar balances y cuentas de resultados fiables.

▼ **Gestión fiscal**

- Los impuestos se liquidan según el devengo (IVA, Impuesto sobre Sociedades, IRPF).

- Evita sanciones por errores en la imputación de ingresos o gastos.

▼ **Gestión de tesorería**

- Detecta desfases entre los ingresos contables y los cobros reales.

- Permite anticipar necesidades de financiación a corto plazo (pólizas de crédito, factoring).

2

El patrimonio de la empresa

Para comprender plenamente el concepto de patrimonio, es necesario desglosar sus elementos básicos. Cada empresa, independientemente de su tamaño o sector, organiza su patrimonio en tres grandes bloques:

1. **Bienes:**

   Son los elementos tangibles e intangibles que la empresa posee y que utiliza para desarrollar su actividad. Incluyen:

   - Inmovilizado material: maquinaria, vehículos, mobiliario, instalaciones, equipos informáticos...
   - Inmovilizado intangible: patentes, licencias, software, derechos de propiedad intelectual, fondo de comercio...
   - Existencias: materias primas, productos en curso, mercancías o productos terminados según el tipo de actividad.
   - Los bienes representan la "estructura operativa" de la organización y permiten transformar recursos en valor económico.

2. **Derechos:**

   Son los créditos o cantidades que terceros deben a la empresa. Su función es garantizar la entrada futura de recursos. Entre los más habituales están:

   - Clientes pendientes de pago.
   - Deudores varios (por préstamos, anticipos o transacciones internas).
   - Derechos de cobro frente a administraciones públicas (subvenciones concedidas, devoluciones de impuestos...).
   - Los derechos refuerzan la liquidez futura de la empresa y reflejan su capacidad de generar ingresos.

3. **Obligaciones:**

   Representan las deudas o compromisos que la empresa tiene con terceros. Son fundamentales porque incluyen todas las fuentes de financiación ajena que permiten operar sin recurrir únicamente al capital propio. Se clasifican en:

   - Deudas a corto plazo: proveedores, acreedores, impuestos pendientes, salarios por pagar, préstamos con vencimiento inferior a un año.

   - Deudas a largo plazo: préstamos bancarios, arrendamientos financieros u otras obligaciones con vencimiento superior al año.

   - Las obligaciones informan del grado de endeudamiento y de la capacidad de la empresa para cumplir sus compromisos.

Equilibrio patrimonial

La composición del patrimonio debe analizarse también desde el punto de vista de su **equilibrio financiero**. Esto significa evaluar si existe coherencia entre:

- **La estructura económica** (bienes y derechos)

- **La estructura financiera** (recursos propios y ajenos que financian dichas inversiones).

Un patrimonio equilibrado evita tensiones de liquidez, reduce riesgos y facilita la continuidad operativa. Algunos principios clave:

- **El activo fijo** debería financiarse con recursos permanentes, como capital propio o deudas a largo plazo.

- **El activo corriente** debe cubrirse preferentemente con financiación a corto plazo, ya que se renueva continuamente.

- **Un endeudamiento** excesivo puede limitar la autonomía financiera, mientras que un uso insuficiente de financiación ajena puede obstaculizar la expansión.

2.1 VALORACIÓN DEL PATRIMONIO

Para que el patrimonio refleje con precisión la realidad económica, sus elementos deben valorarse siguiendo criterios técnicos establecidos por la normativa contable. Entre los principios que rigen esta valoración destacan:

- **Principio de empresa en funcionamiento:** se asume que la empresa continuará su actividad de forma indefinida, lo que afecta a la valoración de bienes y amortizaciones.

- **Coste histórico o coste de adquisición:** en general, los bienes se registran por el valor que realmente costaron.

- **Prudencia:** no se reconocen beneficios no realizados, pero sí se contabilizan pérdidas previsibles.

- **Uniformidad:** los criterios deben aplicarse de forma consistente en el tiempo para garantizar la comparabilidad de la información.

Estos criterios permiten que el patrimonio sea una herramienta fiable para analizar la solvencia y estabilidad de la empresa.

El patrimonio no es solo un inventario de recursos; es un **instrumento estratégico de gestión**. Su análisis permite:

- **Diagnosticar la solvencia**, evaluando si los recursos propios son suficientes para sostener la actividad.

- **Calcular ratios financieros esenciales**, como el fondo de maniobra, el endeudamiento o la autonomía financiera.

- **Identificar necesidades de inversión o desinversión**, facilitando la planificación a medio y largo plazo.

- **Detectar riesgos patrimoniales**, como la dependencia de financiación externa o la acumulación de deudas a corto plazo.

- **Apoyar la toma de decisiones**, desde la gestión de cobros y pagos hasta la definición de nuevos proyectos.

El patrimonio en un momento determinado se representa formalmente a través del **Balance de Situación**, uno de los estados contables fundamentales. En él se ordenan los elementos patrimoniales para mostrar:

- **Activo:** bienes y derechos ordenados por liquidez.

- **Pasivo:** obligaciones ordenadas por exigibilidad.

- **Patrimonio neto:** recursos propios, que incluyen capital, reservas, resultados y otras partidas.

El Balance actúa como una "radiografía" económica de la empresa, necesaria para evaluar su estabilidad financiera y cumplir con obligaciones legales, fiscales y mercantiles.

2.1.1 Definición contable de patrimonio

Antes de adentrarnos en clasificaciones o cálculos, es necesario detenernos en el significado de patrimonio dentro del ámbito contable. A menudo, en el lenguaje común, asociamos patrimonio a "riqueza personal" (casas, coches, joyas, ahorros). En contabilidad, la noción es similar, pero mucho más precisa y técnica.

Definición

El patrimonio de una empresa se entiende como **el conjunto de bienes, derechos y obligaciones con valor económico que posee en un momento determinado**.

- **Bienes**: todo aquello que la empresa posee de manera tangible o intangible y que tiene utilidad para su actividad. Ejemplo: edificios, maquinaria, mobiliario, licencias, patentes.

- **Derechos**: cantidades o recursos que la empresa tiene derecho a exigir a terceros. Ejemplo: facturas emitidas a clientes pendientes de cobro.

- **Obligaciones**: deudas y compromisos adquiridos con terceros. Ejemplo: préstamos bancarios, deudas fiscales, pagos a proveedores.

De esta definición se deduce una relación matemática fundamental que nos acompaña en todo el estudio contable:

Patrimonio = Bienes + Derechos − Obligaciones

Este resultado es lo que denominamos **patrimonio neto**, y refleja la parte de la empresa que realmente pertenece a sus socios o propietarios, una vez deducidas todas las deudas.

2.1.2 Diferencia entre patrimonio contable y valor de mercado

Conviene destacar que el patrimonio contable no siempre coincide con lo que vulgarmente llamaríamos "valor real" o "precio de mercado" de la empresa.

EJEMPLO

▼ Una empresa compra un edificio por 200.000 € hace 15 años. A nivel contable seguirá registrado por ese valor (ajustado con amortizaciones), aunque hoy en día en el mercado pueda valer 400.000 €.

▼ Un software adquirido por 10.000 € quizá haya perdido valor rápidamente, aunque contablemente figure con un valor pendiente de amortización.

Esto significa que la contabilidad refleja la realidad **según unas normas establecidas** (Plan General de Contabilidad), que priorizan la objetividad y la verificabilidad frente a las valoraciones subjetivas.

2.1.3 Ejemplo de cálculo del patrimonio

Supongamos una pequeña empresa que presenta la siguiente situación al 31 de diciembre:

▼ Un edificio: 200.000 €

▼ Vehículos: 25.000 €

⚑ Maquinaria: 50.000 €

⚑ Clientes pendientes de pago: 15.000 €

⚑ Préstamo bancario: 80.000 €

⚑ Deuda con proveedores: 20.000 €

Concepto	Importe (€)
Bienes (edificio + vehículos + maquinaria)	275.000
Derechos (clientes pendientes de cobro)	15.000
Obligaciones (préstamo + proveedores)	100.000
Patrimonio neto	**190.000**

Tabla 2.1. Cálculo del patrimonio neto

Interpretación: la empresa tiene una riqueza neta de 190.000 € una vez descontadas todas sus deudas. Este sería el valor atribuible a los propietarios.

2.1.4 Funciones del patrimonio en contabilidad

El concepto de patrimonio no es meramente teórico. Cumple varias funciones esenciales en la práctica empresarial:

1. **Base de la información contable**: todos los estados financieros parten del patrimonio.

2. **Indicador de solvencia**: muestra si la empresa puede atender sus obligaciones con los recursos de los que dispone.

3. **Instrumento de gestión**: comparar la evolución del patrimonio a lo largo del tiempo permite saber si la empresa está creciendo o perdiendo valor.

4. **Soporte legal y fiscal**: es una prueba en auditorías, inspecciones fiscales y procedimientos judiciales.

2.1.5 Cuadro comparativo: componentes del patrimonio

Elemento	Definición	Ejemplos
Bienes	Recursos tangibles o intangibles que posee la empresa	Edificios, maquinaria, patentes, mobiliario
Derechos	Cantidades que terceros deben a la empresa	Facturas a cobrar, préstamos concedidos
Obligaciones	Compromisos financieros frente a terceros	Préstamos bancarios, proveedores, impuestos

> ### (i) Nota
>
> Un error habitual en principiantes es confundir los conceptos de **ingresos y gastos** con los de **derechos y obligaciones**. Aunque estén relacionados, no son lo mismo:
>
> - Un ingreso genera un derecho de cobro.
> - Un gasto genera una obligación de pago.
>
> Por ello, siempre conviene distinguir entre el hecho económico (el ingreso o gasto) y su reflejo en el patrimonio (el derecho o la obligación correspondiente).

Conclusión

El patrimonio contable es el corazón de la contabilidad: a través de él se mide la riqueza de la empresa y se estructuran todos los registros y balances. Comprender qué son bienes, derechos y obligaciones, y cómo se relacionan entre sí, permite analizar la verdadera situación económica de la organización.

El lector debe asimilar este concepto como la base sobre la que descansan los demás apartados contables. Sin este pilar, será difícil comprender procesos más complejos como la amortización, la periodificación o la elaboración de estados financieros.

2.2 INVENTARIO Y MASAS PATRIMONIALES

Una vez entendido qué es el patrimonio de una empresa, es necesario aprender a describirlo, clasificarlo y analizarlo. La contabilidad no se limita a conocer que la empresa tiene bienes, derechos y obligaciones; debe registrarlos de forma ordenada para que puedan ser consultados y evaluados en cualquier momento.

Aquí es donde entran en juego dos herramientas fundamentales:

- ▸ **El inventario**, que nos ofrece una fotografía detallada de todos los elementos patrimoniales en un momento dado.

- ▸ **Las masas patrimoniales**, que permiten agrupar y clasificar esos elementos en categorías homogéneas, facilitando la interpretación y el análisis de la situación económica y financiera.

Este apartado te enseñará cómo se elabora un inventario, cómo se estructuran las masas patrimoniales y cómo ambas herramientas se complementan para entender mejor la realidad de una empresa.

2.2.1 El inventario contable

El inventario es el **listado detallado, ordenado y valorado** de todos los bienes, derechos y obligaciones que componen el patrimonio de una empresa en una fecha concreta. Puede considerarse como una "fotografía económica" de la organización, que muestra qué tiene, qué le deben y qué debe.

Su utilidad va más allá de un simple listado: es el punto de partida para la elaboración del balance de situación y una herramienta clave para la gestión administrativa.

Características principales

1. **Exhaustividad**: debe recoger todos los elementos patrimoniales, sin omisiones.

2. **Ordenación**: los elementos se agrupan siguiendo criterios lógicos (por naturaleza, liquidez, exigibilidad).

3. **Valoración monetaria**: cada elemento debe expresarse en términos económicos, aunque sea un bien no fácilmente convertible en dinero (ejemplo: maquinaria o licencias).

4. **Fecha de referencia**: el inventario se refiere a un momento concreto (ejemplo: 31 de diciembre).

EJEMPLO DE INVENTARIO INICIAL

Una empresa recién constituida presenta el siguiente inventario el día de inicio de sus operaciones:

Elemento patrimonial	Importe (€)
Local comercial	120.000
Mobiliario de oficina	15.000
Ordenadores y equipos	10.000
Caja (efectivo)	5.000
Banco (cuenta corriente)	25.000
Clientes (pendientes de cobro)	8.000
Proveedores (pendientes de pago)	12.000
Préstamo bancario	30.000
Patrimonio neto	**141.000**

Interpretación: la empresa posee bienes y derechos por valor de 183.000 €, frente a deudas por 42.000 €. El patrimonio neto inicial asciende a 141.000 €.

2.2.2 Clasificación de las masas patrimoniales

Si el inventario ofrece un listado detallado, las **masas patrimoniales** agrupan ese listado en categorías que comparten características comunes. Esta clasificación es fundamental, ya que permite comprender mejor cómo se estructura el patrimonio y facilita la elaboración de los estados financieros.

En términos sencillos, las masas patrimoniales funcionan como **cajones organizadores** dentro del patrimonio de la empresa.

Principales masas patrimoniales

1. **Activo**: conjunto de bienes y derechos de la empresa.

   • Activo no corriente: bienes destinados a permanecer largo tiempo en la empresa (edificios, maquinaria, patentes).

   • Activo corriente: bienes y derechos de rápida rotación (existencias, clientes, caja, bancos).

2. **Pasivo**: conjunto de obligaciones de la empresa.

   • Pasivo no corriente: deudas a largo plazo (préstamos a más de un año).

   • Pasivo corriente: deudas a corto plazo (proveedores, acreedores, préstamos a menos de un año).

3. **Patrimonio neto**: diferencia entre el activo y el pasivo, es decir, la riqueza propia de la empresa.

Masa patrimonial	Definición	Ejemplos
Activo no corriente	Bienes y derechos de permanencia superior a un año	Terrenos, edificios, maquinaria
Activo corriente	Bienes y derechos que se convierten en dinero en menos de un año	Caja, bancos, clientes, existencias
Pasivo no corriente	Obligaciones con vencimiento superior a un año	Préstamos a largo plazo, hipotecas
Pasivo corriente	Obligaciones con vencimiento inferior a un año	Proveedores, préstamos a corto plazo
Patrimonio neto	Diferencia entre activo y pasivo	Capital social, reservas, resultados

Tabla 2.2. Cuadro comparativo de masas patrimoniales

2.2.3 Relación entre inventario y masas patrimoniales

Una duda frecuente es: ¿en qué se diferencian el inventario y las masas patrimoniales? Aunque ambos conceptos se relacionan, cumplen funciones distintas.

- El **inventario** detalla cada elemento con su valor específico.

- Las **masas patrimoniales** agrupan esos elementos en categorías generales.

EJEMPLO

En el inventario, aparecerá:

- "Ordenador Dell serie X: 800 €"
- "Ordenador HP serie Y: 1.200 €"

En cambio, en la masa patrimonial, ambos se englobarán en:

- "Equipos informáticos: 2.000 €" (dentro del activo no corriente).

Esto demuestra cómo las masas patrimoniales ofrecen una visión más sintética y analítica, mientras que el inventario es descriptivo y detallado.

ⓘ Nota

Un error común en principiantes es confundir el activo corriente con el pasivo corriente, debido a que ambos utilizan el mismo criterio temporal (menos de un año). La diferencia es clara:

- El activo corriente son recursos que la empresa espera convertir en dinero.
- El pasivo corriente son deudas que la empresa debe pagar en breve.

Conclusión

El inventario y las masas patrimoniales son dos caras de la misma moneda: mientras uno ofrece el detalle de cada elemento, el otro permite organizar y analizar la información de forma comprensible. Ambos constituyen el paso previo a la elaboración del balance de situación, que sintetiza todo el patrimonio empresarial en un único documento.

Comprender estas herramientas ayuda al lector a manejar los conceptos contables básicos con mayor soltura, evitando confusiones y facilitando el tránsito hacia procesos más complejos como la periodificación, la amortización o el cierre contable.

2.3 EL EQUILIBRIO PATRIMONIAL

Uno de los aspectos más relevantes en la gestión contable es determinar si la empresa mantiene un **equilibrio patrimonial adecuado**. Este concepto hace referencia a la relación existente entre los recursos propios de la empresa (patrimonio neto) y las deudas contraídas con terceros (pasivo), en comparación con los bienes y derechos que posee (activo).

En términos sencillos: el equilibrio patrimonial analiza si la estructura financiera de la empresa es **sólida, estable y sostenible**. No basta con que el activo sea mayor que el pasivo; lo importante es comprobar cómo se financia el activo, qué parte procede de recursos propios y qué parte de recursos ajenos.

Mantener este equilibrio es vital porque:

- ▸ Garantiza la solvencia a corto y largo plazo.
- ▸ Refleja la capacidad de pago frente a deudas y obligaciones.
- ▸ Asegura la confianza de bancos, proveedores e inversores.
- ▸ Permite prevenir situaciones de desequilibrio financiero, como la quiebra técnica.

Concepto de equilibrio patrimonial

El equilibrio patrimonial se alcanza cuando la empresa dispone de suficientes recursos propios y ajenos para financiar adecuadamente sus activos, garantizando que el **activo corriente** (bienes y derechos de rápida conversión en dinero) es mayor que el **pasivo corriente** (obligaciones a corto plazo).

En otras palabras:

▸ La empresa debe tener **liquidez inmediata** para cubrir sus pagos a corto plazo.

▸ Sus inversiones a largo plazo deben estar respaldadas principalmente por **recursos estables**, como el patrimonio neto o las deudas a largo plazo.

ⓘ Nota

Un desequilibrio patrimonial puede darse aunque la empresa tenga un gran volumen de activos. Por ejemplo, si todos los activos son inmovilizados (terrenos, edificios) y no dispone de liquidez suficiente para pagar a los proveedores, la empresa podría entrar en suspensión de pagos.

2.3.1 Indicadores de equilibrio patrimonial

Para evaluar el equilibrio patrimonial, se utilizan diversos indicadores contables:

1. Fondo de maniobra

El fondo de maniobra (o Capital Circulante) es un concepto muy importante para medir la liquidez de la empresa. Se calcula con esa fórmula:

Activo Corriente (recursos a corto plazo)	Pasivo Corriente (deudas a corto plazo)	Fondo de Maniobra
80.000 €	50.000 €	**30.000 €**

Interpretación:

- **Positivo**: la empresa tiene recursos líquidos suficientes para afrontar sus deudas a corto plazo.

- **Cero**: equilibrio justo, cualquier imprevisto puede generar problemas.

- **Negativo**: la empresa no puede cubrir sus obligaciones inmediatas, lo que supone un riesgo financiero.

EJEMPLO

- Activo corriente: 80.000 €

- Pasivo corriente: 50.000 €

- Fondo de maniobra: 30.000 € (positivo → situación equilibrada).

- Fondo de maniobra positivo (FM > 0) → La empresa puede cubrir sus deudas a corto plazo con sus activos corrientes → buena liquidez.

- Fondo de maniobra negativo (FM < 0) → La empresa no tiene suficientes activos corrientes para cubrir el pasivo corriente → riesgo de insolvencia.

2. **Ratio de solvencia**

El ratio de solvencia compara el activo total con el pasivo total:

Fórmula	Activo Total	Pasivo Total	Cálculo	Resultado	Interpretación
Activo / Pasivo	200.000 €	120.000 €	200.000 ÷ 120.000	**1,66**	✓ Superior a 1 → la empresa es solvente: puede cubrir sus deudas con sus activos

Interpretación:

- Superior a 1: el activo es mayor que el pasivo, la empresa puede cubrir sus deudas.

- Inferior a 1: la empresa tiene más deudas que bienes y derechos, lo que indica posible insolvencia.

Ejemplo:

- Activo: 200.000 €

- Pasivo: 120.000 €

- Ratio de solvencia = 200.000 / 120.000 = 1,66 → situación solvente.

3. Ratio de autonomía financiera

Este ratio mide el peso de los recursos propios frente al total de la financiación:

Ratio de autonomía

El **Ratio de autonomía** mide el peso de los recursos propios frente a las deudas.

Ratio de autonomía = Patrimonio Neto / Pasivo Total

Fórmula	Patrimonio Neto	Pasivo Total	Ratio de autonomía
Patrimonio neto / Pasivo Total	40.000 €	60.000 €	0,67

Cuanto mayor sea este ratio, más independencia tiene la empresa respecto a terceros, lo que implica menor riesgo financiero.

EJEMPLO COMPARATIVO

Situación	Activo corriente (€)	Pasivo corriente (€)	Fondo de maniobra (€)	Interpretación
Empresa X	60.000	40.000	20.000	Equilibrio saludable
Empresa Y	25.000	30.000	-5.000	Riesgo de iliquidez
Empresa Z	100.000	100.000	0	Equilibrio justo, sin margen

4. Desequilibrio patrimonial

Un **desequilibrio patrimonial** se produce cuando el Patrimonio neto es insuficiente para cubrir la parte mínima exigida por ley o cuando el pasivo corriente supera al activo corriente.

EJEMPLO

Una empresa tiene un Patrimonio neto de 3.000 € frente a un capital social mínimo exigido de 6.000 €. En este caso, la empresa entra en causa de disolución por pérdidas graves.

> **ⓘ Nota**
>
> Para analizar correctamente el equilibrio patrimonial en la práctica:
>
> ■ Revisar siempre el balance de situación.
> ■ Calcular los indicadores básicos (fondo de maniobra, ratio de solvencia).
> ■ Comparar con valores de referencia de su sector.
> ■ Identificar si los problemas provienen de falta de liquidez (corto plazo) o de exceso de endeudamiento (largo plazo).

Conclusión

El equilibrio patrimonial es un concepto esencial en contabilidad porque determina la viabilidad y sostenibilidad financiera de una empresa. No basta con tener un gran volumen de activos; lo importante es cómo se financian y si existe liquidez suficiente para cumplir las obligaciones inmediatas.

Para el lector de contabilidad, comprender este concepto significa dar un paso más allá del simple registro de operaciones, adentrándose en el análisis financiero, herramienta clave para la toma de decisiones empresariales.

2.3.2 Estructura del balance de situación

El **balance de situación** es uno de los documentos financieros más relevantes dentro de la contabilidad de una empresa. Se trata de una representación ordenada y sistemática que muestra, en un momento determinado, la **fotografía económica de la entidad**: qué tiene (activos), qué debe (pasivos) y cuál es la riqueza que realmente pertenece a sus socios o propietarios (Patrimonio neto).

Para los lectores sin conocimientos previos, puede parecer un concepto abstracto, pero en realidad es bastante cercano: si pensamos en nuestra vida personal, el balance sería equivalente a anotar en una hoja lo que poseemos (dinero en el banco, coche, casa) frente a lo que debemos (hipoteca, préstamos, deudas). La diferencia entre ambas partes representaría nuestro **patrimonio real**.

La importancia del balance no reside únicamente en cumplir con una obligación legal o administrativa, sino en que constituye una herramienta de análisis esencial. Gracias a él se pueden detectar desequilibrios financieros, prever problemas de liquidez o comprobar la capacidad de la empresa para afrontar sus deudas y planificar el futuro.

2.3.2.1 EL ACTIVO: LO QUE LA EMPRESA POSEE

El **activo** del balance está formado por todos los bienes y derechos que la empresa controla y de los que espera obtener beneficios en el futuro. Dicho de manera sencilla: es el conjunto de recursos que la empresa utiliza para funcionar, producir, vender y obtener ingresos.

Dentro del activo encontramos desde bienes tangibles como edificios o maquinaria, hasta derechos de cobro como las facturas emitidas a clientes. La clave para comprenderlo es pensar que el activo refleja el "lado positivo" de la empresa: lo que tiene en su poder para seguir operando.

El activo se clasifica en función de su **liquidez**, es decir, de la facilidad y rapidez con la que puede convertirse en dinero efectivo.

Activo no corriente

Son aquellos bienes y derechos que permanecerán en la empresa durante un largo periodo de tiempo (más de un año) y que no están destinados a la venta inmediata, sino a servir de apoyo para el desarrollo de la actividad.

Ejemplos:

▼ Terrenos y edificios donde se ubica la empresa.

▼ Maquinaria industrial utilizada en la producción.

▼ Vehículos de reparto.

▼ Programas informáticos o licencias de uso.

▼ Inversiones financieras a largo plazo.

El activo no corriente es la base estable de la empresa. Sin él, la actividad sería inviable. Aunque no aporta liquidez rápida, es imprescindible para sostener el negocio a medio y largo plazo.

Activo corriente

En contraposición, el activo corriente está formado por los bienes y derechos que **se transformarán en dinero en el corto plazo**, normalmente dentro del año.

Ejemplos:

▸ Dinero en efectivo y en cuentas bancarias.

▸ Facturas pendientes de cobro a clientes.

▸ Mercaderías y productos en almacén listos para la venta.

▸ Anticipos a proveedores.

EJEMPLO

Una empresa de distribución alimentaria tiene 80.000 € en almacén (productos), 20.000 € en facturas pendientes de clientes y 15.000 € en caja y bancos. Todo ello forma parte del activo corriente porque en menos de un año podrá convertirse en liquidez para pagar a sus proveedores y trabajadores.

La adecuada proporción entre activo corriente y pasivo corriente (que veremos más adelante) es esencial. Si el activo corriente es insuficiente, la empresa podría tener problemas para afrontar sus obligaciones inmediatas.

2.3.2.2 PATRIMONIO NETO: LA RIQUEZA PROPIA DE LA EMPRESA

El **Patrimonio neto** refleja la parte del activo que pertenece realmente a los propietarios o socios, es decir, lo que quedaría si la empresa liquidara todas sus deudas. Se constituye con las aportaciones iniciales de los socios (capital social) y los beneficios obtenidos a lo largo de los ejercicios, que se acumulan en forma de reservas.

También incluye el resultado del ejercicio, es decir, el beneficio o pérdida del año en curso.

▌ EJEMPLO

Si una empresa tiene un activo de 500.000 € y debe 200.000 € a bancos y proveedores, su patrimonio neto será de 300.000 €, que es lo que en realidad corresponde a los socios.

Un patrimonio neto elevado suele ser señal de fortaleza, ya que significa que la empresa depende menos de financiación ajena.

2.3.2.3 EL PASIVO: LO QUE LA EMPRESA DEBE

El **pasivo** muestra las deudas y obligaciones que la empresa ha contraído con terceros: bancos, proveedores, administraciones públicas, trabajadores, etc. Representa, por tanto, los recursos ajenos que la empresa ha utilizado para financiar su actividad.

El pasivo se clasifica en función del pasivo corriente/no corriente, es decir, del plazo en el que debe devolverse la deuda.

Pasivo no corriente

Son aquellas deudas cuyo vencimiento es a largo plazo, normalmente superior a un año.

Ejemplos:

- ▼ Préstamos hipotecarios para financiar la compra de una nave.
- ▼ Emisiones de bonos u obligaciones.
- ▼ Provisiones a largo plazo (por ejemplo, indemnizaciones futuras).

Este tipo de pasivo es estable y permite a la empresa planificar con tranquilidad el pago de sus deudas a lo largo del tiempo.

Pasivo corriente

Incluye todas las deudas y obligaciones que deben pagarse en menos de un año.

Ejemplos:

▸ Facturas pendientes de proveedores.

▸ Préstamos bancarios a corto plazo.

▸ Deudas con Hacienda o la Seguridad Social.

EJEMPLO

Una empresa que debe pagar 10.000 € a proveedores en 90 días y 15.000 € de IVA trimestral está gestionando su pasivo corriente.

El pasivo corriente es el que más presión genera sobre la tesorería. Por eso es fundamental que la empresa tenga suficiente activo corriente para cubrirlo.

2.3.2.4 EJEMPLO DE BALANCE SIMPLIFICADO

ACTIVO	€	PATRIMONIO NETO Y PASIVO	€
Activo no corriente		**Patrimonio neto**	
Terrenos y construcciones	100.000	Capital social	80.000
Maquinaria	50.000	Reservas	20.000
Activo corriente		**Pasivo no corriente**	
Existencias	25.000	Préstamo hipotecario	40.000
Clientes	15.000	**Pasivo corriente**	
Bancos	10.000	Proveedores	30.000
		Hacienda	30.000
TOTAL ACTIVO	200.000	**TOTAL PN + PASIVO**	200.000

2.3.2.5 INTERPRETACIÓN PRÁCTICA DEL BALANCE

El balance no es un documento estático que solo sirve para presentar cuentas al Registro Mercantil. Su utilidad real reside en la capacidad de **interpretar su información**:

- ⚑ Si el **activo corriente** es menor que el pasivo corriente, la empresa puede tener problemas de liquidez.

- ⚑ Si el **patrimonio neto** es demasiado bajo en relación con el pasivo, la empresa depende en exceso de financiación externa.

- ⚑ Un elevado peso del pasivo no corriente puede comprometer el futuro de la empresa si los ingresos no son suficientes para atender las deudas.

 **Nota**

Interpretar un balance es como leer la salud financiera de la empresa. No basta con saber elaborarlo, hay que aprender a analizarlo.

Conclusión

El balance de situación es una herramienta contable imprescindible. Su estructura, basada en la división entre activo, patrimonio neto y pasivo, permite conocer de un vistazo la situación económica de la empresa y constituye el punto de partida para cualquier análisis financiero.

Comprenderlo con ejemplos, cuadros y comparaciones facilita que los lectores sin experiencia puedan asimilar los conceptos. Al final, el objetivo no es solo registrar datos, sino aprender a interpretar la realidad económica y tomar decisiones informadas.

2.3.3 El inventario: una visión detallada

El inventario puede definirse como el listado completo y pormenorizado de los bienes, derechos y obligaciones de una empresa en un momento determinado. Es una relación exhaustiva en la que cada elemento aparece de manera individual, acompañado de su valoración económica.

Este documento es fundamental porque permite conocer con exactitud qué posee la empresa y cuánto vale cada partida concreta. Se elabora, por ejemplo, al inicio de la actividad, en el cierre de cada ejercicio económico o cuando la normativa fiscal lo exige.

Características principales del inventario

- ▶ **Detalle**: cada bien u obligación aparece identificado de forma individual.

- ▶ **Valoración**: incluye el valor económico de cada elemento, según criterios contables.

- ▶ **Momento temporal**: refleja la situación patrimonial en una fecha concreta.

- ▶ **Función interna**: permite a la empresa llevar un control exacto de sus recursos.

EJEMPLO DE INVENTARIO SIMPLIFICADO

Supongamos una pequeña librería:

Elemento patrimonial	Cantidad	Valor unitario (€)	Valor total (€)
Estanterías de madera	5	200	1.000
Ordenador portátil	2	800	1.600
Libros en stock (ejemplares)	1.500	10	15.000
Dinero en caja	-	-	500
Préstamo bancario pendiente	-	-	-5.000
Total inventario			13.100

Este inventario muestra todos los elementos, tanto positivos (bienes y derechos) como negativos (obligaciones).

2.3.3.1 DIFERENCIAS ENTRE INVENTARIO Y BALANCE DE SITUACIÓN

Cuando los estudiantes comienzan a estudiar contabilidad, suelen confundir los conceptos de **inventario** y **balance de situación**, ya que ambos documentos reflejan información sobre el patrimonio de la empresa. Sin embargo, aunque comparten una finalidad similar —mostrar la composición de los bienes, derechos y obligaciones de la entidad—, presentan **diferencias sustanciales** tanto en su estructura como en su propósito.

El inventario constituye el **listado detallado de todos los elementos patrimoniales**, con indicación individualizada de su valor. En cambio, el balance de situación ofrece una **visión sintética y estructurada** de esos elementos, agrupándolos en categorías homogéneas (activo, patrimonio neto y pasivo) y mostrando la situación patrimonial de forma global.

Entender bien esta distinción es esencial, ya que cada documento cumple funciones distintas dentro de la gestión administrativa y financiera de la empresa.

2.3.3.2 EL BALANCE DE SITUACIÓN: UNA VISIÓN GLOBAL Y ESTRUCTURADA

El balance de situación, a diferencia del inventario, **no enumera todos los bienes de forma individualizada**, sino que los **agrupa en categorías contables**. De este modo, se convierte en una herramienta más sintética, orientada a facilitar la interpretación de la situación patrimonial de la empresa.

En lugar de listar cada libro o cada mueble, el balance agrupa esos elementos bajo conceptos como "Existencias", "Inmovilizado material" o "Caja".

Características principales del balance

▸ **Agrupación**: clasifica los elementos patrimoniales en activo, patrimonio neto y pasivo.

▸ **Síntesis**: resume la información patrimonial en grandes bloques homogéneos.

▸ **Equilibrio**: cumple la ecuación contable fundamental:

Ecuación patrimonial básica

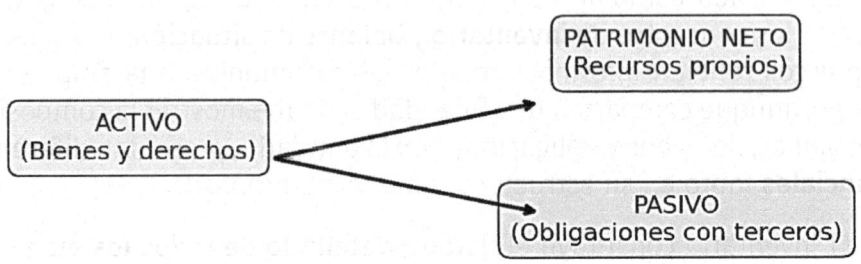

Activo = Patrimonio Neto + Pasivo

Interpretación:

▶ **Activo** → Todo lo que la empresa posee (bienes y derechos).

▶ **Pasivo** → Todo lo que la empresa debe (obligaciones con terceros).

▶ **Patrimonio Neto** → Recursos propios aportados por socios o generados por beneficios acumulados.

▌ EJEMPLO

Para ilustrar cómo se relacionan el Activo, el Pasivo y el Patrimonio Neto, tomemos como referencia una misma empresa —una librería— y utilicemos un único ejemplo coherente:

La librería posee un **Activo total de 18.100 €**, compuesto por:

▶ **Inmovilizado material:** 2.600 € (estanterías, mobiliario, TPV, ordenador).

▶ **Existencias:** 15.000 € (libros en stock).

▶ **Caja y bancos:** 500 € (efectivo disponible y saldo en cuentas).

Este activo está financiado mediante:

- ▸ **Patrimonio Neto:** 10.000 € (aportaciones iniciales de los socios y reservas).

- ▸ **Pasivo no corriente:** 5.000 € (préstamo bancario a largo plazo).

- ▸ **Pasivo corriente:** 3.100 € (deudas con proveedores y obligaciones pendientes).

La relación entre estos elementos cumple la ecuación fundamental del patrimonio:

Activo = Pasivo + Patrimonio Neto

18.100 €=8.100 € (Pasivo)+ 10.000 € (Patrimonio Neto)

Este ejemplo muestra que **el Activo de la empresa se financia por dos fuentes**: las obligaciones con terceros (Pasivo, 8.100 €) y los recursos propios aportados por los socios (Patrimonio Neto, 10.000 €).

A continuación se presenta el **balance simplificado** correspondiente al mismo caso:

ACTIVO	€	PATRIMONIO NETO Y PASIVO	€
Activo no corriente		**Patrimonio neto**	
Inmovilizado material	2.600	Capital social y reservas	10.000
Activo corriente		**Pasivo no corriente**	
Existencias (libros)	15.000	Préstamo bancario	5.000
Caja y bancos	500	**Pasivo corriente**	
		Deudas con proveedores	3.100
TOTAL ACTIVO	18.100	**TOTAL PN + PASIVO**	18.100

Este formato evidencia que el balance **ofrece una visión global, estructurada y ordenada** del patrimonio de la empresa, sin necesidad de detallar la cantidad exacta de libros, equipos o elementos que lo componen. También recuerda que, en el caso de sociedades, actúa como **documento oficial de obligado depósito en el Registro Mercantil**.

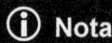 **Nota**

Es habitual que los principiantes piensen que el inventario y el balance son lo mismo, porque ambos reflejan la situación patrimonial de la empresa. Sin embargo, la **clave está en el nivel de detalle:**

- El inventario se parece a una **lista de la compra muy detallada,** donde aparece cada producto con su precio.

- El balance sería más bien un **resumen del gasto total en categorías:** alimentación, limpieza, ocio, etc.

De ahí que ambos sean complementarios: el inventario proporciona la información detallada, mientras que el balance permite analizar la estructura financiera global de forma comprensible y comparable entre empresas.

Conclusión

El inventario y el balance de situación son dos caras de la misma moneda:

> ► *El primero ofrece el detalle minucioso de los elementos patrimoniales.*

> ► *El segundo, una visión global y estructurada de esos mismos elementos.*

Comprender sus diferencias y saber cuándo utilizar cada uno es una habilidad fundamental para cualquier profesional administrativo o contable. Solo así se podrá garantizar una gestión patrimonial transparente, eficiente y útil tanto para la empresa como para los agentes externos que analizan su situación.

3

Registros contables de la actividad empresarial

La contabilidad es, en esencia, un **sistema de información** que traduce las operaciones económicas de una empresa a un lenguaje común, ordenado y verificable. A través de los registros contables, la organización transforma su actividad diaria —ventas, compras, pagos, cobros, inversiones o financiación— en **asientos contables** que pueden ser interpretados tanto por gestores internos como por agentes externos: administraciones públicas, inversores, entidades financieras o auditores.

Comprender el funcionamiento de los registros contables es, por tanto, un paso decisivo en la formación de cualquier estudiante de administración y finanzas. Estos registros constituyen el **puente entre la realidad económica y la representación contable**, garantizando que cada transacción se documente con precisión y se integre en los estados financieros de forma coherente.

En este capítulo profundizaremos en los instrumentos y métodos que permiten dar forma a esta representación:

- ► **La teoría de las cuentas**, que explica cómo se organiza la información patrimonial a través de un sistema de **cargos y abonos**.

- ► **El método de la partida doble**, que asegura que toda transacción se registre de manera equilibrada, evitando descuadres y reflejando la doble naturaleza de cada hecho económico.

- ► **El balance de comprobación**, que funciona como un instrumento de verificación para garantizar la corrección de los registros.

- **La cuenta de pérdidas y ganancias**, donde se resume el resultado de la gestión, diferenciando ingresos y gastos.

- **El Plan General de Contabilidad (PGC)**, que proporciona las normas y estructura común que todas las empresas deben seguir en España para garantizar la homogeneidad y comparabilidad de la información.

- Conceptos clave como la **amortización, provisión, periodificación y el ciclo contable completo**, que permiten adaptar la contabilidad a la realidad temporal y económica de la empresa.

- Finalmente, abordaremos aspectos éticos y legales como la **responsabilidad en los registros**, el **código deontológico** que guía la práctica contable y las implicaciones del **delito contable**.

Este capítulo no solo busca ofrecer una base teórica, sino también aportar una visión práctica y aplicada, mediante ejemplos numéricos, cuadros comparativos y notas didácticas que ayuden al lector a **asimilar los conceptos de manera progresiva y sencilla**.

3.1 CARGO, ABONO Y FUNCIONAMIENTO DE LAS CUENTAS DE ACTIVO Y PASIVO

En contabilidad, todos los movimientos se registran siguiendo una estructura dual formada por el **Debe** (columna izquierda) y el **Haber** (columna derecha). A estos registros se les denomina **cargos** (cuando se anotan en el Debe) y **abonos** (cuando se anotan en el Haber). Conviene aclarar que estos términos no coinciden con el uso cotidiano de "cargar" o "abonar" un pago; aquí poseen un significado técnico muy específico que depende del tipo de cuenta afectada.

Desde una perspectiva funcional:

- **Cargo (Debe):**
  - Aumenta los activos y los gastos.
  - Disminuye los pasivos y los ingresos.

▼ **Abono (Haber):**

- Aumenta los pasivos y los ingresos.
- Disminuye los activos y los gastos.

En consecuencia, la interpretación del cargo y del abono **no depende del hecho económico en sí**, sino de la naturaleza de la cuenta utilizada. Por eso, el mismo movimiento puede significar cosas diferentes según el tipo de cuenta implicada.

3.1.1 Funcionamiento aplicado a las cuentas de activo y pasivo

Los activos y los pasivos constituyen la base del patrimonio de la empresa, representando respectivamente **lo que posee** y **lo que debe**. Su comportamiento frente al cargo y al abono sigue una lógica opuesta:

▼ **Activo (bienes y derechos):**

- **Aumenta por el Debe (cargo).**
- **Disminuye por el Haber (abono).**

▼ **Pasivo (obligaciones frente a terceros):**

- **Aumenta por el Haber (abono).**
- **Disminuye por el Debe (cargo).**

Comprender esta dinámica es fundamental para interpretar correctamente cualquier asiento contable y para entender cómo un hecho económico se refleja en el patrimonio.

3.1.2 Ejemplo integrado

Supongamos que la empresa Alfa realiza dos operaciones relacionadas:

1. **Compra de mercancías por 1.000 € pagadas en efectivo**

- Las existencias aumentan → **cargo en Mercaderías**.
- La caja disminuye → **abono en Caja**.

Asiento:

Debe (Cargo)	Haber (Abono)	Importe (€)
Mercaderías		1.000
	Caja	1.000

2. **Compra de un ordenador por 1.500 € financiado a crédito**

- Aumenta el activo → **cargo en Equipos informáticos**.
- Aumenta el pasivo → **abono en Proveedores**.

Asiento:

Debe (Cargo)	Haber (Abono)	Importe (€)
Equipos informáticos		1.500
	Proveedores	1.500

3. **Pago parcial de 500 € al proveedor**

- Disminuye el pasivo → **cargo en Proveedores**.
- Disminuye el activo → **abono en Bancos**.

Asiento:

Debe (Cargo)	Haber (Abono)	Importe (€)
Proveedores		500
	Bancos	500

Resumen operativo

Tipo de cuenta	Aumenta por	Disminuye por	Ejemplos
Activo	Debe	Haber	Caja, Bancos, Clientes, Maquinaria
Pasivo	Haber	Debe	Proveedores, Acreedores, Préstamos

La clave para dominar la técnica contable es interiorizar que **cargo** y **abono** no son sinónimos de pagar o cobrar: son reglas estructurales que determinan cómo se modifica cada tipo de cuenta. Una vez asimilada esta lógica, la interpretación del balance y de los asientos contables se vuelve sistemática y precisa. ¿Quieres que unifique también los siguientes subapartados?

3.1.3 Cuentas de gastos e ingresos

Además de los elementos patrimoniales, la contabilidad debe reflejar el resultado de la actividad de la empresa: los **ingresos que obtiene** y los **gastos que realiza** en el transcurso del ejercicio. Estas cuentas, llamadas de gestión, son las que permitirán determinar el beneficio o pérdida del periodo.

Explicación detallada

▸ **Gastos:** representan consumos de recursos que reducen el patrimonio neto (salarios, alquileres, suministros).

- Se cargan en el Debe cuando aumentan.
- Se abonan en el Haber cuando disminuyen.

▸ **Ingresos:** representan incrementos de recursos derivados de la actividad ordinaria (ventas, prestación de servicios, intereses recibidos).

- Se abonan en el Haber cuando aumentan.
- Se cargan en el Debe cuando disminuyen.

EJEMPLO

Caso: pago de alquiler de oficina por 1.200 € mediante transferencia bancaria.

1. Se carga la cuenta de Gastos de arrendamiento por 1.200 €

2. Se abona la cuenta de Bancos por 1.200 €

Asiento:

Debe (Cargo)	Haber (Abono)	Importe (€)
Gastos de arrendamiento		1.200
	Bancos	1.200

Caso: ingreso de 3.000 € por venta de productos a clientes.

▸ Se carga la cuenta de Clientes por 3.000 € (derecho de cobro).

▸ Se abona la cuenta de Ventas por 3.000 €

Asiento:

Debe (Cargo)	Haber (Abono)	Importe (€)
Clientes		3.000
	Ventas	3.000

Cuadro comparativo

Tipo de cuenta	Aumenta por	Disminuye por	Ejemplos
Gastos	Debe	Haber	Nóminas, alquileres, suministros
Ingresos	Haber	Debe	Ventas, comisiones, intereses

Las cuentas de gastos e ingresos permiten determinar el **resultado económico de la empresa**. Los ingresos aumentan el patrimonio neto, mientras que los gastos lo reducen. Su correcta utilización será esencial cuando se estudie la **cuenta de pérdidas y ganancias**, que resume la actividad del ejercicio.

3.2 EL MÉTODO DE REGISTRO CONTABLE: LA PARTIDA DOBLE

La contabilidad se apoya en principios universales que permiten registrar, interpretar y comunicar las operaciones económicas de las empresas de forma coherente y comprensible. Entre todos ellos, el **método de la partida doble** es el pilar fundamental. Sin este sistema, sería prácticamente imposible mantener una contabilidad ordenada y garantizar que los balances reflejan la realidad de la empresa.

El principio básico de este método es sencillo: **toda operación afecta, al menos, a dos elementos contables, y los movimientos generados siempre se compensan entre sí**. Dicho de otra manera, lo que entra en un lugar debe salir de otro. Esta doble visión asegura que el equilibrio contable se mantenga en todo momento, lo que constituye una garantía de fiabilidad y exactitud.

En este capítulo desglosaremos paso a paso cómo funciona la partida doble, cuáles son sus fundamentos teóricos, cómo se aplica en la práctica y por qué resulta indispensable para el registro de operaciones.

3.2.1 Fundamentos históricos y conceptuales de la partida doble

Antes de aprender a usar un instrumento, conviene entender de dónde viene y cuál es su finalidad. El método de la partida doble no es una convención arbitraria, sino el resultado de siglos de evolución del comercio y de la necesidad de reflejar con precisión las operaciones económicas.

El origen del método se atribuye a los comerciantes italianos del Renacimiento, quienes buscaban un sistema para reflejar de manera ordenada los intercambios cada vez más complejos. En 1494, el fraile franciscano **Luca Pacioli** lo describió en su obra *Summa de arithmetica, geometría, proportioni et proportionalità*, marcando el inicio de la contabilidad moderna.

El principio central es que **no hay deudor sin acreedor**, lo que significa que cada recurso que recibe una empresa tiene un origen: puede provenir de sus socios, de un banco, de un cliente o de su propia actividad.

EJEMPLO

Si una empresa recibe 10.000 € de un préstamo, esos fondos no aparecen "de la nada": proceden de una entidad financiera que se convierte en acreedor. El dinero entra en caja o bancos (activo), pero al mismo tiempo surge una deuda (pasivo).

3.2.2 Estructura básica: el Debe y el Haber

El lenguaje de la partida doble se articula en dos columnas: **Debe** y **Haber**. Entender cómo funcionan es clave para dominar la técnica.

Explicación:

- ▶ **Debe (cargo):** recoge los aumentos del activo y los gastos.
- ▶ **Haber (abono):** recoge los aumentos del pasivo, del patrimonio neto y de los ingresos.

Este reparto no es casual. Responde a la necesidad de reflejar el doble efecto de cada operación: cada movimiento tiene siempre una contrapartida.

EJEMPLO

Si la empresa compra un ordenador por 1.000 € y lo paga en efectivo:

- ▶ Aumenta el activo (Equipos informáticos → Debe).
- ▶ Disminuye el activo (Caja → Haber).

Registro:

Debe (Cargo)	Haber (Abono)	Importe (€)
Equipos informáticos		1.000
	Caja	1.000

3.2.3 Pasos para aplicar la partida doble

Una de las mayores dificultades para los principiantes no es entender la teoría, sino **aplicar el método a casos reales**. Para ello, conviene contar con una serie de pasos lógicos que guíen el proceso de registro.

Procedimiento:

1. **Identificar la operación económica.**

   ¿Se trata de una compra, un pago, un ingreso o un préstamo?

2. **Determinar las cuentas afectadas.**

   Toda operación implica al menos dos cuentas: una que se carga y otra que se abona.

3. **Clasificar las cuentas.**

   Según su naturaleza: activo, pasivo, patrimonio neto, gastos o ingresos.

4. **Registrar los importes en el Debe y en el Haber.**

   Siguiendo las reglas contables.

5. **Comprobar la igualdad.**

   El total del Debe tiene que coincidir siempre con el total del Haber.

3.2.4 Ejemplos

▌ EJEMPLO 1: COMPRA DE MERCANCÍAS AL CONTADO

La empresa adquiere mercancías por 2.000 € y paga en efectivo.

▶ Mercaderías (Activo) → aumenta → Debe.

▶ Caja (Activo) → disminuye → Haber.

Asiento contable

Debe (Cargo)	Haber (Abono)	Importe (€)
Mercaderías		2.000
	Caja	2.000

▌ EJEMPLO 2: PRÉSTAMO RECIBIDO DEL BANCO

La empresa recibe 5.000 € de un préstamo bancario.

▶ Bancos (Activo) → aumenta → Debe.

▶ Préstamos recibidos (Pasivo) → aumenta → Haber.

Asiento contable

Debe (Cargo)	Haber (Abono)	Importe (€)
Bancos		5.000
	Préstamos recibidos	5.000

▌ EJEMPLO 3: PAGO DE NÓMINAS

La empresa paga 3.000 € de salarios mediante transferencia.

▶ Gastos de personal (Gasto) → aumenta → Debe.

▶ Bancos (Activo) → disminuye → Haber.

Asiento contable

Debe (Cargo)	Haber (Abono)	Importe (€)
Gastos de personal		3.000
	Bancos	3.000

3.2.5 Cuadro comparativo de operaciones

Operación	Cuenta en Debe	Cuenta en Haber	Importe (€)
Compra de mercancías al contado	Mercaderías (Activo)	Caja (Activo)	2.000
Préstamo recibido	Bancos (Activo)	Préstamos recibidos (Pasivo)	5.000
Pago de nóminas	Gastos de personal (Gasto)	Bancos (Activo)	3.000

3.2.6 Nota

Para principiantes, puede ser útil recordar la regla práctica:

- **Lo que entra, se carga (Debe).**
- **Lo que sale, se abona (Haber).**

Aunque existen excepciones, este esquema facilita los primeros pasos hasta que el alumno domine con soltura las reglas específicas de cada cuenta.

Conclusión

El método de la partida doble es el engranaje central de la contabilidad. Gracias a él, se asegura que cada operación quede reflejada en equilibrio, lo que garantiza la fiabilidad de los balances. Su comprensión es indispensable para avanzar hacia registros más complejos como los balances de comprobación, la cuenta de pérdidas y ganancias o el ciclo contable completo.

3.3 BALANCE DE COMPROBACIÓN DE SUMAS Y SALDOS

El balance de comprobación de sumas y saldos es una de las primeras herramientas que el estudiante de contabilidad debe dominar. Aunque no se trata de un estado financiero exigido legalmente, constituye una pieza clave en el proceso de aprendizaje y en la práctica profesional, ya que permite comprobar si los registros contables se han realizado de manera correcta.

En términos sencillos, este documento funciona como un **listado ordenado de todas las cuentas de la empresa**, donde se muestran tanto los movimientos que han tenido en el Debe y en el Haber, como el **saldo final** que resulta de la diferencia entre ambos. Gracias a esta presentación, el balance se convierte en un mecanismo de control interno que ayuda a detectar posibles errores antes de elaborar las cuentas anuales.

Su estructura, aunque aparentemente simple, requiere ser comprendida en profundidad, ya que combina información de naturaleza distinta (movimientos acumulados y saldos finales) y debe cumplir con una condición básica: la suma de los importes del Debe, debe coincidir con la suma de los importes del Haber.

A continuación, vamos a desglosar de forma detallada cómo está compuesto el balance de comprobación, explicando cada una de sus partes, con ejemplos ilustrativos y cuadros comparativos que faciliten la comprensión.

3.3.1 Identificación de las cuentas

Antes de analizar las cifras, el balance debe mostrar **qué cuentas forman parte de la contabilidad de la empresa**.

- **Número de cuenta**: cada cuenta contable está identificada mediante un código numérico que responde al Plan General de Contabilidad (PGC). Por ejemplo, la cuenta 572 corresponde a "Banco c/c" y la 700 a "Ventas".
- **Nombre de la cuenta**: junto al número, aparece su denominación escrita, lo que facilita la lectura del documento.

█ **EJEMPLO**

Nº de cuenta	Nombre de la cuenta
572	Banco c/c
700	Ventas

De este modo, cualquier persona puede localizar rápidamente la información, incluso si no está familiarizada con todos los códigos del PGC.

3.3.2 Registro de movimientos en el Debe y en el Haber

Una vez identificadas las cuentas, el balance presenta los **movimientos que se han registrado en el Debe y en el Haber** de cada una de ellas.

▸ **Suma del Debe**: recoge todos los importes que se han cargado en esa cuenta a lo largo del período.

▸ **Suma del Haber**: refleja los importes que se han abonado.

Es importante entender que estas sumas no son el saldo de la cuenta, sino la **acumulación de los movimientos** que han tenido lugar.

█ **EJEMPLO**

Si en la cuenta "Banco" se han registrado entradas de dinero por 5.000 € y salidas por 3.000 €, la suma del Debe será de 5.000 € y la del Haber de 3.000 €, aunque el saldo final sea distinto.

3.3.3 Cálculo del saldo de las cuentas

El siguiente paso es determinar el **saldo de cada cuenta**, es decir, el resultado de comparar la suma del Debe con la suma del Haber.

▸ **Saldo deudor**: cuando la suma del Debe supera a la del Haber.

▸ **Saldo acreedor**: cuando la suma del Haber supera a la del Debe.

De este modo, cada cuenta puede clasificarse según tenga un saldo positivo a su favor (deudor) o represente una obligación para la empresa (acreedor).

EJEMPLO NUMÉRICO

En la cuenta "Clientes" se han registrado cargos por 8.000 € (ventas a crédito) y abonos por 3.000 € (cobros).

▼ Suma del Debe: 8.000 €

▼ Suma del Haber: 3.000 €

▼ Saldo deudor: 5.000 €

3.3.4 Presentación tabular

La utilidad del balance radica en su **formato tabular**, que permite comparar de manera clara todas las cuentas. La estructura más habitual es la siguiente:

Columna	Qué significa	Cómo se interpreta	Ejemplo ilustrativo
Nº de cuenta	Código numérico asignado a cada cuenta según el Plan General de Contabilidad	Permite identificar de forma rápida la cuenta en el sistema contable	572 → Banco c/c 430 → Clientes
Nombre de la cuenta	Denominación escrita de la cuenta	Facilita la lectura del balance y la relación con la actividad económica real	"Banco", "Clientes", "Proveedores"
Suma del Debe	Total acumulado de los movimientos cargados en el Debe de la cuenta	Refleja todas las entradas de valor en esa cuenta	En "Banco": cobros recibidos por 5.000 €

Columna	Qué significa	Cómo se interpreta	Ejemplo ilustrativo
Suma del Haber	Total acumulado de los movimientos abonados en el haber de la cuenta	Indica todas las salidas o disminuciones de valor en esa cuenta	En "Banco": pagos realizados por 3.000 €
Saldo deudor	Diferencia cuando la suma del debe supera a la del haber	Significa que la cuenta tiene un valor a favor de la empresa	"Clientes": Debe 8.000 € – Haber 3.000 € = Saldo deudor 5.000 €
Saldo acreedor	Diferencia cuando la suma del haber supera a la del debe	Indica que la cuenta refleja una obligación o deuda pendiente	"Proveedores": Haber 7.000 € – Debe 2.000 € = Saldo acreedor 5.000 €

Tabla 3.1. Tabla explicativa de las columnas del balance de comprobación

Esta tabla puede usarse como "guía rápida" para que un lector sepa interpretar cada columna del balance.

EJEMPLO DE BALANCE DE COMPROBACIÓN DE SUMAS Y SALDOS

Nº de cuenta	Nombre de la cuenta	Suma del Debe	Suma del Haber	Saldo deudor	Saldo acreedor
572	Banco c/c	5.000 €	3.000 €	2.000 €	—
430	Clientes	8.000 €	3.000 €	5.000 €	—
400	Proveedores	2.000 €	7.000 €	—	5.000 €
600	Compras	4.500 €	—	4.500 €	—
700	Ventas	—	10.000 €	—	10.000 €
621	Arrendamientos	1.200 €	—	1.200 €	—

Interpretación paso a paso

1. **Banco (572)**:
   - Ha tenido cobros (Debe) por 5.000 € y pagos (Haber) por 3.000 €
   - Diferencia → saldo deudor de 2.000 € (la empresa tiene dinero en el banco).

2. **Clientes (430)**:
   - Ventas a crédito por 8.000 € (Debe) y cobros realizados por 3.000 € (Haber).
   - Diferencia → saldo deudor de 5.000 € (los clientes aún deben esa cantidad).

3. **Proveedores (400)**:
   - Pagos a proveedores por 2.000 € (Debe) y deudas acumuladas por 7.000 € (Haber).
   - Diferencia → saldo acreedor de 5.000 € (la empresa debe a proveedores).

4. **Compras (600)**:
   - Se registran como gasto en el Debe (4.500 €).
   - No hay movimientos en el Haber, por lo que queda un saldo deudor de 4.500 €

5. **Ventas (700)**:
   - Se registran en el Haber por 10.000 €
   - No hay movimientos en el Debe → saldo acreedor de 10.000 € (ingreso).

6. **Arrendamientos (621)**:
   - Gastos por alquiler de 1.200 € en el Debe.
   - Sin movimientos en el Haber → saldo deudor de 1.200 €.

Verificación del equilibrio

- **Total Debe** = 20.700 €
- **Total Haber** = 20.700 €

El balance está **cuadrado**, lo que confirma que los registros cumplen con el principio de partida doble.

Este ejemplo sirve como **modelo práctico** que un lector puede reproducir en sus ejercicios:

- ▼ Primero anotar los movimientos en el libro diario.
- ▼ Luego pasarlos al libro mayor.
- ▼ Finalmente, resumirlos en el balance de comprobación.

3.3.5 Interpretación de los resultados

El balance no solo sirve para comprobar que las sumas del Debe y del Haber coinciden, sino también para **analizar la situación contable** de cada cuenta.

- ▼ Una cuenta con **saldo deudor elevado** indica que la empresa tiene derechos de cobro o recursos a su favor.

- ▼ Una cuenta con **saldo acreedor elevado** refleja deudas u obligaciones pendientes.

De este modo, el balance se convierte en una fotografía de los movimientos y saldos de la empresa en un momento dado.

3.3.6 Diferencia entre movimientos y saldos

Conviene insistir en que no es lo mismo la **suma de movimientos** que el **saldo final** de una cuenta. Para reforzar esta idea, lo mostramos en un cuadro comparativo:

Aspecto	Movimientos (Debe/Haber)	Saldo (Deudor/Acreedor)
Qué representa	Total acumulado de los cargos y abonos	Diferencia final entre Debe y Haber
Finalidad	Verificar el registro correcto	Determinar la posición final de la cuenta
Ejemplo "Clientes"	Debe: 8.000 / Haber: 3.000	Saldo Deudor: 5.000

Conclusión

La estructura del balance de comprobación combina identificación de cuentas, sumas de movimientos y saldos finales, presentados en un formato tabular que facilita tanto la verificación matemática como la interpretación contable.

Para un lector sin experiencia, este documento es una herramienta imprescindible porque:

▼ Permite comprobar si se cumple el principio de partida doble.

▼ Ayuda a detectar errores antes de pasar a estados contables más complejos.

▼ Facilita el análisis preliminar de la situación económica de la empresa.

En definitiva, dominar la estructura del balance de comprobación es dar un paso firme hacia la comprensión de los estados financieros en su conjunto.

3.4 EL RESULTADO DE LA GESTIÓN Y SU REPRESENTACIÓN: LA CUENTA DE PÉRDIDAS Y GANANCIAS

Dentro del proceso contable, el **resultado de la gestión** es uno de los aspectos más relevantes para cualquier organización, ya que permite evaluar en términos económicos si la empresa ha desarrollado su actividad de manera **rentable o deficitaria**. Para representar este resultado de forma ordenada, clara y comprensible, se utiliza la **cuenta de pérdidas y ganancias**.

A diferencia del balance de situación, que muestra una **fotografía estática** de la empresa en un momento determinado (qué tiene y qué debe), la cuenta de pérdidas y ganancias se asemeja más a una **película dinámica**, ya que recoge lo que ha sucedido a lo largo de un período, normalmente un año. Su finalidad es responder a la pregunta clave:

¿Ha obtenido la empresa beneficios o pérdidas con su actividad?

En este apartado vamos a estudiar la cuenta de pérdidas y ganancias desde diferentes ángulos: su concepto, finalidad, estructura, clasificación de ingresos y gastos, representación práctica, utilidad para la gestión y, finalmente, ejemplos completos que permitan a los lectores comprenderla con claridad.

3.4.1 Concepto y finalidad de la cuenta de pérdidas y ganancias

Antes de entrar en la técnica de su elaboración, es imprescindible comprender **qué es exactamente la cuenta de pérdidas y ganancias y para qué sirve**. Sin una base conceptual sólida, la lectura de cifras puede convertirse en un ejercicio mecánico y sin sentido.

✓ Explicación

▶ **Concepto**: la cuenta de pérdidas y ganancias es un documento contable que resume todos los **ingresos y gastos** de la empresa durante un período de tiempo, mostrando el resultado final de la gestión: beneficio (si los ingresos superan a los gastos) o pérdida (si ocurre lo contrario).

▶ **Finalidad principal**: proporcionar información clara y estructurada sobre la **rentabilidad de la empresa**, lo que resulta fundamental tanto para la propia organización como para terceros interesados (socios, inversores, entidades financieras, administraciones públicas, etc.).

▶ **Finalidad complementaria**: permitir la **comparación interanual**, es decir, analizar si la empresa ha mejorado o empeorado respecto a ejercicios anteriores, lo que constituye un indicador clave de la evolución de su actividad.

EJEMPLO BÁSICO

Una empresa obtiene en un año **ingresos de 50.000 €** y soporta **gastos de 35.000 €**.

El resultado de la gestión será un **beneficio neto de 15.000 €**.

3.4.2 Estructura general de la cuenta de pérdidas y ganancias

La información contenida en la cuenta de pérdidas y ganancias no se presenta de forma arbitraria, sino que responde a un **esquema**

estandarizado que garantiza la comparabilidad entre empresas. El **Plan General de Contabilidad (PGC)** establece un modelo normalizado que todas las sociedades deben respetar en la formulación de sus cuentas anuales.

Comprender esta estructura es esencial para interpretar los datos, ya que cada bloque de partidas ofrece una información concreta sobre el funcionamiento de la empresa.

Explicación detallada de la estructura

1. **Ingresos de explotación**: representan la cifra de negocios, es decir, el valor de las ventas de bienes y prestación de servicios.

2. **Gastos de explotación**: incluyen aprovisionamientos, sueldos y salarios, arrendamientos, suministros, amortizaciones, etc.

3. **Resultado de explotación**: diferencia entre ingresos y gastos de explotación, que muestra la rentabilidad de la actividad ordinaria.

4. **Ingresos financieros**: procedentes de inversiones, intereses o dividendos recibidos.

5. **Gastos financieros**: costes de los préstamos, créditos y comisiones bancarias.

6. **Resultado financiero**: diferencia entre ingresos y gastos financieros.

7. **Resultado antes de impuestos**: suma del resultado de explotación y el financiero.

8. **Impuesto sobre beneficios**: gasto fiscal que grava el resultado positivo.

9. **Resultado del ejercicio**: beneficio o pérdida final tras aplicar el impuesto.

EJEMPLO RESUMIDO

- Ventas: 120.000 €

- Gastos de explotación: 90.000 €

- Resultado de explotación: 30.000 €

▼ Gastos financieros: 2.000 €

▼ Resultado antes de impuestos: 28.000 €

▼ Impuesto sobre beneficios: 7.000 €

▼ **Resultado del ejercicio**: 21.000 €

3.4.3 Clasificación de ingresos y gastos

Una de las claves para interpretar la cuenta de pérdidas y ganancias es **distinguir entre los distintos tipos de ingresos y gastos**. No todos tienen la misma naturaleza ni provienen de las mismas fuentes, por lo que clasificarlos correctamente ayuda a comprender el desempeño global de la empresa.

Explicación y ejemplos

▼ **Ingresos de explotación**: ventas de productos o servicios, subvenciones ligadas a la actividad, alquileres cobrados.

▼ **Gastos de explotación**: compras de mercancías, sueldos y salarios, gastos de suministros, arrendamientos, amortizaciones.

▼ **Ingresos financieros**: intereses de depósitos, dividendos de acciones.

▼ **Gastos financieros**: intereses de préstamos, gastos por descubierto bancario.

Tipo de partida	Ejemplos principales	Naturaleza contable
Ingresos de explotación	Ventas, prestación de servicios	Ingreso
Gastos de explotación	Compras, salarios, suministros	Gasto
Ingresos financieros	Intereses a favor, dividendos recibidos	Ingreso
Gastos financieros	Intereses de préstamos, comisiones	Gasto

Tabla 3.2. Cuadro comparativo

3.4.4 Representación en formato contable

La forma en que se presenta la cuenta de pérdidas y ganancias influye directamente en su comprensión. Por ello, la normativa contable establece un **formato vertical** que facilita la lectura secuencial: primero se exponen los ingresos, después los gastos, y finalmente se calcula el resultado.

▌ **EJEMPLO SIMPLIFICADO**

Concepto	Importe (€)
Ventas netas	50.000
(-) Compras y aprovisionamientos	18.000
(-) Gastos de personal	17.000
(-) Gastos generales	2.000
Resultado de explotación	13.000
(+) Ingresos financieros	500
(-) Gastos financieros	1.500
Resultado antes de impuestos	12.000
(-) Impuesto sobre beneficios	3.000
Resultado del ejercicio	9.000

Interpretación: la empresa obtiene un beneficio neto de 9.000 €, después de cubrir todos sus gastos y pagar impuestos.

3.4.5 Utilidad de la cuenta de pérdidas y ganancias

La cuenta de pérdidas y ganancias no es un mero requisito legal: es una **herramienta fundamental de gestión**. Su análisis ofrece información clave tanto a los gestores internos como a terceros interesados en la marcha de la empresa.

▼ **Para la empresa**: permite conocer la rentabilidad de sus operaciones y detectar áreas de mejora.

▼ **Para inversores y socios**: aporta una visión clara de la rentabilidad y del retorno de la inversión.

▼ **Para entidades financieras**: ayuda a evaluar la solvencia de la empresa antes de conceder financiación.

▼ **Para la administración pública**: sirve como base para calcular impuestos.

3.4.6 Ejemplo completo y análisis interpretativo

Caso práctico

Una empresa presenta los siguientes datos en su cuenta de pérdidas y ganancias:

▼ Ventas: 120.000 €

▼ Compras: 70.000 €

▼ Gastos de personal: 25.000 €

▼ Gastos financieros: 2.000 €

▼ Ingresos financieros: 500 €

▼ Impuesto sobre beneficios: 6.500 €

Cálculo paso a paso

1. Resultado de explotación = 120.000 − (70.000 + 25.000) = 25.000 €

2. Resultado financiero = 500 − 2.000 = −1.500 €

3. Resultado antes de impuestos = 23.500 €

4. Resultado del ejercicio = 23.500 − 6.500 = 17.000 €

Interpretación: la empresa obtiene un beneficio neto de 17.000 €, lo que refleja una gestión rentable pese a soportar gastos financieros.

Conclusión

La cuenta de pérdidas y ganancias es el documento que resume en cifras el esfuerzo y el desempeño de una empresa durante todo un ejercicio. Su finalidad es doble:

▼ *Mostrar la rentabilidad económica de la gestión.*

▼ *Aportar información útil para la toma de decisiones internas y externas.*

Para un estudiante de contabilidad, dominar la lectura y elaboración de este estado financiero supone adquirir una competencia esencial para comprender cómo las empresas generan beneficios o pérdidas, y cómo estos resultados influyen directamente en la continuidad y viabilidad del negocio.

3.4.7 Análisis gráfico de la cuenta de pérdidas y ganancias

La información contable, cuando se presenta únicamente en tablas de cifras, puede resultar difícil de interpretar para quienes no están acostumbrados a trabajar con datos financieros. Por esta razón, el **análisis gráfico** de la cuenta de pérdidas y ganancias se convierte en una herramienta de gran utilidad didáctica y profesional.

Los gráficos permiten visualizar de manera inmediata:

▼ El peso relativo de los distintos tipos de gastos sobre los ingresos.

▼ La proporción que representan los beneficios en comparación con los costes.

▼ La evolución de los resultados en diferentes ejercicios.

Con un simple vistazo, un lector puede captar lo que en un cuadro numérico tardaría más tiempo en comprender.

3.4.7.1 REPRESENTACIÓN GRÁFICA MEDIANTE GRÁFICO CIRCULAR (PASTEL)

El gráfico circular permite observar **la distribución porcentual de los gastos y del beneficio respecto a los ingresos totales**. Es especialmente útil para entender qué partidas consumen la mayor parte de los recursos de la empresa.

▌ EJEMPLO

Tomemos los siguientes datos de una cuenta de pérdidas y ganancias simplificada:

- ▶ Ventas netas: 100.000 €

- ▶ Compras y aprovisionamientos: 40.000 €

- ▶ Gastos de personal: 25.000 €

- ▶ Gastos generales: 10.000 €

- ▶ Gastos financieros: 5.000 €

- ▶ Beneficio neto: 20.000 €

Distribución porcentual de gastos y beneficio neto

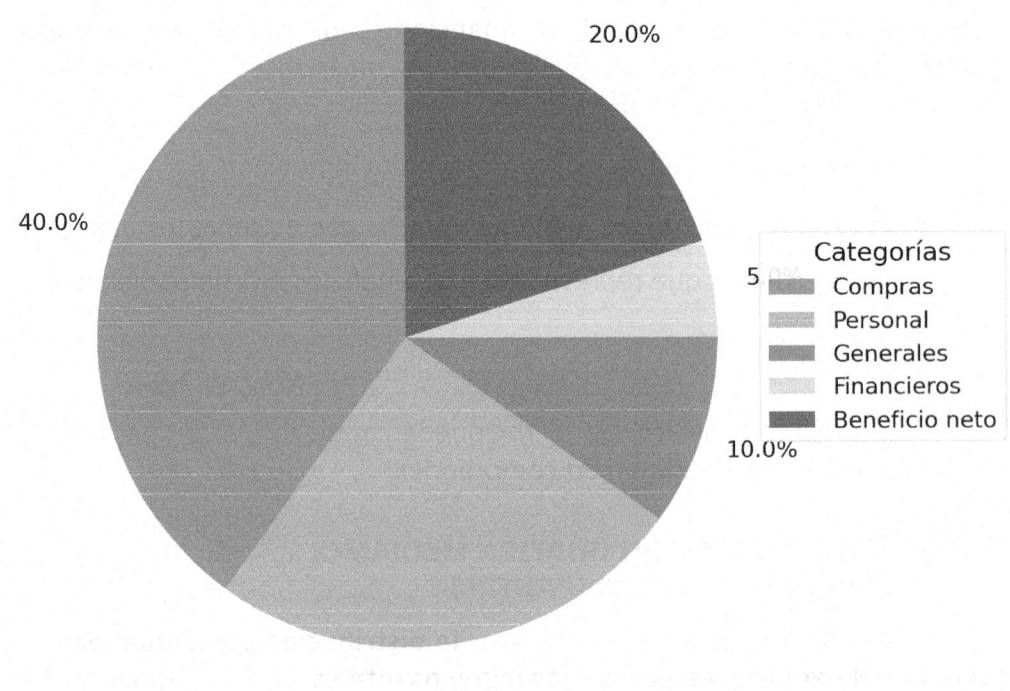

Interpretación: el gráfico muestra claramente que las **compras** y los **gastos de personal** son las partidas que más impactan en los resultados, mientras que el beneficio representa un 20 % del total.

3.4.7.2 REPRESENTACIÓN GRÁFICA MEDIANTE GRÁFICO DE BARRAS

El gráfico de barras es otra herramienta útil, ya que permite comparar los importes absolutos de ingresos y gastos. Facilita ver, en cifras, qué elementos destacan más y cuál es la relación entre ingresos y costes.

EJEMPLO

Con los mismos datos anteriores, se puede elaborar un gráfico de barras con las siguientes partidas:

Concepto	Importe (€)
Ingresos (ventas)	100.000
Compras	40.000
Personal	25.000
Generales	10.000
Financieros	5.000
Beneficio neto	20.000

Gráfico de barras:

- Una barra alta muestra los ingresos (100.000 €).

- Barras intermedias reflejan los gastos (40.000 € en compras, 25.000 € en personal).

- Una barra final indica el beneficio (20.000 €).

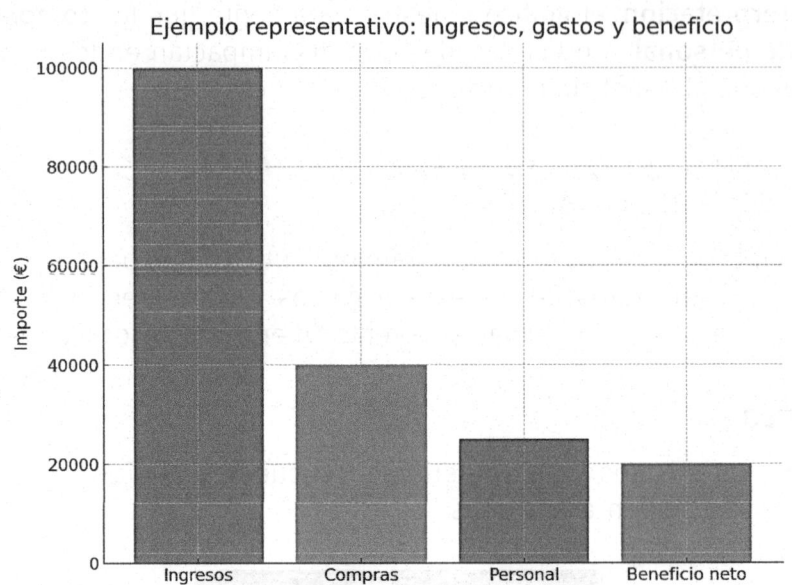

Ejemplo representativo: Ingresos, gastos y beneficio

Interpretación: el gráfico deja ver de un vistazo que los ingresos son ampliamente superiores a los gastos y que el beneficio es significativo, aunque depende fuertemente de la contención de costes.

3.4.7.3 COMPARACIÓN VISUAL ENTRE EJERCICIOS

El análisis gráfico no solo se aplica a un período, también es útil para comparar los resultados de varios ejercicios, identificando tendencias positivas o negativas.

3.4.7.4 CUADRO COMPARATIVO DE VENTAJAS POR TIPO DE GRÁFICOS

Tipo de gráfico	Qué muestra mejor	Limitaciones
Circular	Distribución porcentual de gastos y beneficios	Menos preciso para comparar importes absolutos
Barras	Magnitud absoluta de ingresos, gastos y resultados	Menos intuitivo para proporciones
Comparativo	Evolución temporal del beneficio o ingresos	Requiere varios ejercicios contables

Conclusión

Mientras las tablas numéricas son necesarias para el detalle contable, los gráficos ofrecen una visión global inmediata y comprensible para estudiantes, empresarios y responsables financieros.

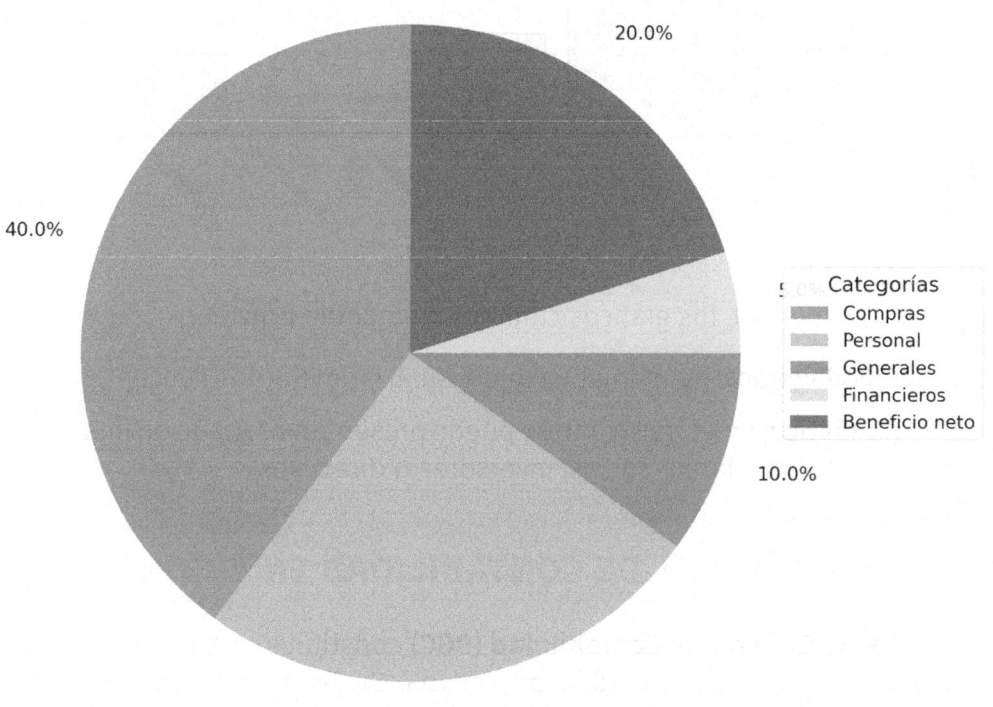

Distribución de gastos y beneficio neto

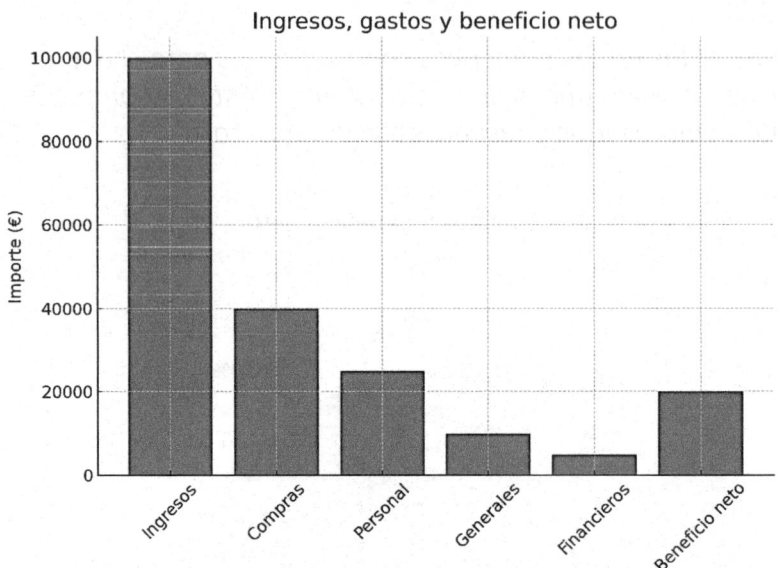

En un manual, los gráficos cumplen una doble función:

- **Pedagógica**: ayudan al lectora visualizar mejor los conceptos.
- **Práctica**: muestran cómo se puede presentar información financiera de forma clara a socios, inversores o directivos.

3.5 PLAN GENERAL DE CONTABILIDAD EN VIGOR

El **Plan General de Contabilidad (PGC)** constituye el marco normativo fundamental de la contabilidad en España. Su función es establecer un conjunto de **criterios, normas y principios contables** que todas las empresas deben aplicar para garantizar que la información económica sea **fiable, comparable y uniforme**.

El PGC en vigor fue aprobado por el **Real Decreto 1514/2007** y posteriormente modificado en diversas ocasiones para adaptarse a las directrices de la Unión Europea y a las **Normas Internacionales de Información Financiera (NIIF)**. Paralelamente, se aprobó un **PGC para pymes**, adaptado a las necesidades de las pequeñas y medianas empresas, simplificando algunos criterios contables.

Conocer el PGC es imprescindible no solo para el contable profesional, sino también para cualquier estudiante que se inicia en el mundo de la contabilidad. El plan actúa como un **idioma común**: gracias a él, empresas de diferentes sectores, tamaños o territorios pueden registrar y presentar sus operaciones bajo un mismo estándar.

En los siguientes subapartados vamos a estudiar con detalle:

▼ La estructura del PGC, es decir, sus cinco bloques principales.

▼ El sistema de grupos, cuentas y subcuentas, que ordena todas las operaciones económicas.

▼ La diferencia entre el PGC normal y el PGC para pymes.

▼ Ejemplos prácticos de aplicación.

3.5.1 Estructura del PGC

El PGC no se limita a un cuadro de cuentas, sino que constituye un **marco normativo completo**. Para entenderlo, debemos verlo como un "edificio" con diferentes plantas, donde cada una cumple una función específica. Conocer estas partes es clave para manejar la contabilidad de forma correcta.

Las cinco partes del PGC

1. **Marco conceptual de la contabilidad**

   • Define los objetivos de la contabilidad y los **principios contables** básicos (prudencia, devengo, uniformidad, no compensación, importancia relativa).

   • Es la base para interpretar operaciones cuando no existen normas específicas.

   • *Ejemplo*: si una empresa recibe un ingreso que aún no ha cobrado, el principio de **devengo** obliga a registrarlo igualmente.

2. Normas de registro y valoración

- Establecen cómo contabilizar y valorar cada tipo de elemento patrimonial: inmovilizado, existencias, inversiones financieras, impuestos, subvenciones, etc.

- *Ejemplo*: una máquina comprada por 10.000 € debe registrarse como inmovilizado y amortizarse a lo largo de su vida útil.

3. Cuentas anuales

- Regulan los documentos que la empresa debe presentar al final del ejercicio:
  - Balance de situación.
  - Cuenta de pérdidas y ganancias.
  - Estado de cambios en el patrimonio neto.
  - Estado de flujos de efectivo (obligatorio solo en grandes empresas).
  - Memoria.

EJEMPLO

Una pyme no necesita elaborar el estado de flujos de efectivo, mientras que una gran sociedad sí está obligada.

4. Cuadro de cuentas

- Recoge una **codificación numérica** de grupos, cuentas y subcuentas.

- Aunque no es obligatorio seguirlo literalmente, la mayoría de empresas lo adoptan para mantener homogeneidad.

5. Definiciones y relaciones contables

- Explican de manera práctica cómo funciona cada cuenta: en qué situaciones se carga (Debe) o se abona (Haber).

- *Ejemplo*: la cuenta 572 "Bancos" se carga cuando entra dinero en la cuenta bancaria y se abona cuando sale.

Parte del PGC	Contenido esencial	Ejemplo
1. Marco conceptual	Principios contables y objetivos básicos	Registrar un ingreso aunque no esté cobrado (devengo)
2. Normas de registro y valoración	Cómo contabilizar y valorar activos, pasivos, ingresos y gastos	Máquina de 10.000 € → inmovilizado y amortización
3. Cuentas anuales	Documentos obligatorios al cierre: balance, PyG, cambios PN, flujos de efectivo (grandes empresas), memoria	Una pyme no presenta flujos de efectivo
4. Cuadro de cuentas	Codificación de grupos, cuentas y subcuentas	Uso generalizado para uniformidad
5. Definiciones y relaciones contables	Explican cuándo cargar (Debe) o abonar (Haber) cada cuenta	Cuenta 572 "Bancos": entra dinero (Debe), sale (Haber)

Tabla 3.3. Las cinco partes del PGC

3.5.2 Grupos, cuentas y subcuentas

El cuadro de cuentas es la **columna vertebral del PGC**. Gracias a él, todas las operaciones pueden clasificarse de forma ordenada y sistemática. La codificación numérica permite localizar rápidamente cualquier partida y relacionarla con el resto de la información contable.

Este sistema se organiza en tres niveles jerárquicos:

1. **Grupos** (nivel general).

2. **Cuentas** (nivel específico).

3. **Subcuentas** (nivel detallado).

3.5.2.1 LOS GRUPOS DEL PGC

Cada grupo se identifica con un número del 1 al 9.

Grupo	Denominación general	Naturaleza principal	Ejemplo
1	Financiación básica	Patrimonio neto y pasivo	Capital social (100)
2	Activo no corriente	Activo	Maquinaria (213)
3	Existencias	Activo circulante	Mercaderías (300)
4	Acreedores y deudores por operaciones de tráfico	Activo y pasivo circulante	Clientes (430), Proveedores (400)
5	Cuentas financieras	Activo y pasivo	Caja (570), Bancos (572)
6	Compras y gastos	Gastos	Compras (600), Arrendamientos (621)
7	Ventas e ingresos	Ingresos	Ventas (700)
8	Gastos imputados al patrimonio neto	Ajustes contables	Pérdidas en activos financieros (800)
9	Ingresos imputados al patrimonio neto	Ajustes contables	Beneficios en activos financieros (900)

3.5.2.2 LAS CUENTAS

Las cuentas son el segundo nivel de detalle. Cada grupo incluye diferentes cuentas numeradas con tres dígitos.

EJEMPLOS

- ▼ Grupo 6 (Compras y gastos):
  - 600 → Compras de mercaderías.
  - 621 → Arrendamientos y cánones.

- ▼ Grupo 7 (Ventas e ingresos):
  - 700 → Ventas de mercaderías.
  - 705 → Prestación de servicios.

Cada cuenta tiene una definición que establece **cuándo se carga y cuándo se abona**.

3.5.2.3 LAS SUBCUENTAS

El tercer nivel de detalle lo constituyen las subcuentas, que permiten una clasificación más precisa.

EJEMPLO

▶ Cuenta 572 "Bancos e instituciones de crédito c/c vista, euros".

- 5721 → Banco Santander.
- 5722 → CaixaBank.
- 5723 → BBVA.

Gracias a esta subdivisión, una empresa puede conocer en qué banco exacto se encuentra el dinero y controlar mejor sus recursos financieros.

3.5.2.4 EJEMPLO COMPLETO: REGISTRO EN VARIOS NIVELES

Supongamos que una empresa compra mercancías por 5.000 € a crédito:

1. **Grupo** → 6 "Compras y gastos".

2. **Cuenta** → 600 "Compras de mercaderías".

3. **Subcuenta** → 6000 "Compras nacionales".

Simultáneamente, la deuda con el proveedor se registrará en:

▶ Grupo 4 → Acreedores y deudores.

▶ Cuenta 400 → Proveedores.

▶ Subcuenta 4001 → Proveedor principal.

El sistema de grupos, cuentas y subcuentas permite registrar la operación desde un nivel muy general hasta un detalle específico.

3.5.2.5 DIFERENCIA ENTRE PGC NORMAL Y PGC PARA PYMES

▼ **PGC normal**: obligatorio para grandes empresas y sociedades cotizadas. Incluye todos los estados contables.

▼ **PGC para pymes**: simplificado, pensado para empresas con menor volumen, excluye algunas normas complejas y reduce las obligaciones de presentación.

Aspecto	PGC normal	PGC pymes
Complejidad	Alta, incluye todas las normas NIIF	Reducida, adaptada a pymes
Estados financieros	Incluye flujo de efectivo	No incluye flujo de efectivo
Empresas obligadas	Grandes empresas, cotizadas	Pymes con límites legales

Tabla 3.4. Cuadro comparativo

Conclusión

El Plan General de Contabilidad en vigor es la base del sistema contable español. Gracias a su estructura normativa y al sistema de grupos, cuentas y subcuentas, permite registrar las operaciones de forma homogénea, garantizando la transparencia y la comparabilidad.

Conocer en detalle el PGC supone adquirir el lenguaje universal de la contabilidad: sin este marco, los registros carecerían de orden y los estados financieros no tendrían validez ni utilidad práctica.

3.6 AMORTIZACIÓN Y PROVISIÓN

En la contabilidad, los resultados no siempre reflejan únicamente los cobros y pagos que se producen de manera inmediata. La empresa debe ajustar el valor de sus bienes, anticipar posibles pérdidas y reconocer el efecto del paso del tiempo sobre sus recursos. Para ello, dos de las herramientas fundamentales son la **amortización** y la **provisión**.

Ambas figuras contables cumplen la misión de **ajustar el patrimonio a la realidad económica**:

▼ La **amortización** distribuye el coste de un activo a lo largo de su vida útil, reflejando su pérdida de valor progresiva.

▼ La **provisión** anticipa un gasto o una pérdida futura que aún no se ha producido, pero cuya probabilidad es elevada.

La correcta aplicación de estas operaciones está vinculada al **principio de prudencia contable**, según el cual los ingresos solo deben reconocerse cuando son ciertos, mientras que las pérdidas o gastos probables deben registrarse de forma anticipada.

En este capítulo analizaremos en detalle la diferencia entre amortización y provisión, los métodos de amortización (con especial atención a la amortización lineal) y los principales tipos de provisiones, con ejemplos prácticos y comparaciones.

3.6.1 Diferencia entre amortización y provisión

Aunque muchas veces se confunden, amortización y provisión son conceptos muy distintos. Ambos representan ajustes contables, pero aplicados a realidades económicas diferentes.

3.6.1.1 DEFINICIÓN DE AMORTIZACIÓN

La amortización es la distribución del coste de un activo fijo (como una máquina, un vehículo o un programa informático) a lo largo de su vida útil. En otras palabras, refleja el desgaste o pérdida de valor que experimentan los bienes a medida que pasa el tiempo o se utilizan.

▌ **EJEMPLO**

Si una máquina cuesta 10.000 € y tiene una vida útil de 5 años, la empresa reconocerá un gasto anual de 2.000 € para reflejar la pérdida de valor.

3.6.1.2 DEFINICIÓN DE PROVISIÓN

La provisión es un pasivo de cuantía o vencimiento incierto. Se dota para cubrir un riesgo o pérdida futura probable. Se utiliza, por ejemplo, para reflejar la posible insolvencia de clientes, litigios pendientes o devoluciones de productos.

EJEMPLO

Un cliente adeuda 3.000 € y la empresa duda que pueda pagar. Se dota una provisión por insolvencias de clientes por esa cantidad.

3.6.1.3 DIFERENCIAS ESENCIALES

Aspecto	Amortización	Provisión
Objeto	Activos fijos (inmovilizado)	Riesgos o pérdidas futuras
Periodicidad	Sistemática y regular	Eventual, depende de la situación
Naturaleza	Gasto cierto y programado	Gasto estimado y probable
Ejemplo	Desgaste de maquinaria	Insolvencia de un cliente

3.6.2 La amortización

La amortización es uno de los conceptos más importantes en la contabilidad financiera. Permite reflejar que un activo no conserva indefinidamente su valor, sino que se va desgastando con el tiempo.

El cálculo de la amortización asegura que el gasto se impute correctamente a los ejercicios en los que el activo genera ingresos, respetando así el principio de correlación de ingresos y gastos.

3.6.2.1 ELEMENTOS AMORTIZABLES

Se amortizan:

- **Inmovilizado material**: maquinaria, edificios, vehículos, mobiliario, equipos informáticos.

- **Inmovilizado intangible**: patentes, licencias, aplicaciones informáticas.

No se amortizan:

▸ El suelo, ya que no pierde valor con el tiempo (salvo deterioro extraordinario).

▸ Los activos mantenidos para la venta en el corto plazo.

3.6.2.2 FACTORES QUE INFLUYEN EN LA AMORTIZACIÓN

1. **Valor de adquisición**: precio de compra más costes necesarios para poner el activo en condiciones de uso.

2. **Valor residual**: importe que se espera recuperar al final de la vida útil.

3. **Vida útil**: número de años o unidades de producción durante los cuales se utilizará el activo.

4. **Método de amortización**: sistema elegido para distribuir el coste.

3.6.2.3 MÉTODOS DE AMORTIZACIÓN

▸ **Amortización lineal**

Distribuye el valor del activo de forma uniforme a lo largo de la vida útil.

EJEMPLO

Máquina de 20.000 € y vida útil de 10 años → gasto anual = 2.000 €.

▸ **Amortización decreciente**
- Mayores gastos de amortización en los primeros años y menores en los últimos.
- Se utiliza para activos que pierden valor más rápido al inicio (por ejemplo, equipos informáticos).

▸ **Amortización creciente**
- Menores cuotas al inicio y mayores en los últimos años.
- Adecuada cuando el rendimiento del activo aumenta con el tiempo.

▸ **Amortización según unidades de producción**
- El gasto depende del uso o rendimiento del activo.

EJEMPLO

Un camión cuya amortización depende de los kilómetros recorridos cada año.

3.6.2.4 VENTAJAS E INCONVENIENTES DE LA AMORTIZACIÓN LINEAL

Ventajas	Inconvenientes
Simplicidad de cálculo	No refleja variaciones reales en el uso del activo
Claridad y previsibilidad	Puede distorsionar la realidad económica si el activo se desgasta más en los primeros años

3.6.3 La provisión

Mientras que la amortización refleja pérdidas ciertas y periódicas, la provisión refleja pérdidas o gastos **probables** cuya cuantía exacta es incierta. Se dota siguiendo el principio de prudencia, que indica que no deben anticiparse ingresos, pero sí las pérdidas probables.

3.6.3.1 TIPOS DE PROVISIONES

1. **Provisión para insolvencias de clientes**

   Se crea cuando existe riesgo de que un cliente no pague.

EJEMPLO

Deuda de 5.000 € de un cliente en concurso de acreedores.

2. **Provisión para responsabilidades**

   Se utiliza cuando la empresa tiene un litigio pendiente que probablemente acabe en condena.

EJEMPLO

Demanda laboral por despido con una posible indemnización de 10.000 €.

3. Provisión para devoluciones de ventas

Se dota cuando la empresa estima que parte de sus ventas serán devueltas por defectos o garantías.

EJEMPLO

Devoluciones previstas por 2.000 € en una empresa de electrodomésticos.

4. Provisión para impuestos

Se crea cuando se espera una liquidación complementaria de impuestos cuya cuantía no es definitiva.

3.6.3.2 CUADRO COMPARATIVO DE TIPOS DE PROVISIONES

Tipo de provisión	Objeto	Ejemplo
Insolvencias	Riesgo de impago	Cliente con deuda de 5.000 €
Responsabilidades	Litigios, reclamaciones	Indemnización laboral de 10.000 €
Devoluciones	Bienes devueltos por clientes	Garantías de 2.000 €
Impuestos	Ajustes fiscales futuros	Liquidación pendiente del Impuesto de Sociedades

3.6.4 Ejemplos prácticos de amortización y provisión

Hasta este punto hemos analizado la **teoría** de la amortización y de las provisiones, sus diferencias fundamentales, los distintos tipos y su función dentro de la contabilidad. Sin embargo, para que un lector puede asimilar realmente estos conceptos, resulta imprescindible llevarlos al terreno de la **práctica contable** mediante ejemplos claros y aplicados a situaciones habituales en las empresas.

La contabilidad no es solo un conjunto de normas abstractas, sino una herramienta que se utiliza en la vida real para registrar operaciones concretas. Por ello, los ejemplos prácticos cumplen una doble función:

▼ **Facilitan la comprensión** de los conceptos teóricos, al mostrar cómo se traducen en asientos contables específicos.

▼ **Acercan al lector al entorno laboral**, ya que reproducen casos reales que se encuentran en cualquier departamento de contabilidad o asesoría.

En este apartado veremos ejemplos tanto de **amortización** como de **provisiones**:

▼ En el caso de la amortización, cómo se reparte el coste de un activo a lo largo de su vida útil mediante asientos contables periódicos.

▼ En el caso de las provisiones, cómo se dota un importe para cubrir riesgos o pérdidas probables, y cómo se revierte la provisión en caso de que finalmente no se materialice el gasto.

El objetivo es que el lector pueda **seguir el razonamiento paso a paso**, comprender la lógica de cada asiento y, lo más importante, ser capaz de aplicarlo de forma autónoma cuando se enfrente a situaciones similares en un contexto profesional.

3.6.4.1 EJEMPLO DE AMORTIZACIÓN LINEAL

Una empresa compra un vehículo por 24.000 €, con una vida útil estimada de 6 años y sin valor residual.

Concepto	Detalle contable	Importe (€)
Cálculo de la cuota anual	24.000 € ÷ 6 años = **4.000 €**	4.000
Asiento contable (cada año)	Debe: 681 Amortización del inmovilizado material	4.000
	Haber: 281 Amortización acumulada del inmovilizado material	4.000

3.6.4.2 EJEMPLO DE PROVISIÓN POR INSOLVENCIA

Un cliente adeuda 10.000 € y existen serias dudas de cobro.

Concepto	Cuenta contable	Denominación	Importe (€)
Debe	694	Pérdidas por deterioro de créditos comerciales	10.000
Haber	490	Provisión por insolvencias de tráfico	10.000

Este asiento refleja que la empresa reconoce una **posible pérdida** por el impago de un cliente, trasladando el riesgo a la cuenta de provisiones.

Si finalmente el cliente paga, se revierte la provisión.

3.6.5 Relación con el principio de prudencia contable

Tanto amortización como provisión responden al **principio de prudencia**, uno de los pilares del PGC. Este principio establece que:

▸ Los ingresos no deben anticiparse hasta que sean ciertos.

▸ Las pérdidas o riesgos deben contabilizarse en cuanto sean probables.

Aplicación

Concepto	Característica principal	Contabilización
Amortización	Refleja una **pérdida cierta y periódica** en el valor de los activos	Se contabiliza **siempre**, de forma sistemática cada ejercicio
Provisión	Refleja una **pérdida probable**, vinculada a un riesgo o contingencia futura	Se contabiliza **solo si existe evidencia razonable** de riesgo

Tabla 3.5. Diferencia en la contabilización de amortización y provisión

Conclusión

La amortización y la provisión son mecanismos esenciales de la contabilidad:

▸ *La primera distribuye el coste de los activos en el tiempo.*

▸ *La segunda anticipa riesgos o pérdidas probables.*

Ambas garantizan la fiabilidad de la información financiera y evitan la sobrevaloración de activos o la omisión de pasivos. Para los estudiantes, comprender estas figuras supone adquirir una visión realista y prudente de cómo la contabilidad traduce la actividad empresarial en cifras.

3.7 PERIODIFICACIÓN DE GASTOS E INGRESOS

La contabilidad no solo se ocupa de registrar operaciones, sino también de asignarlas correctamente al periodo económico que corresponda. Una de sus funciones principales es mostrar la imagen fiel de la situación de la empresa en un ejercicio concreto, normalmente coincidente con el año natural (1 de enero a 31 de diciembre).

Sin embargo, muchas operaciones no coinciden en el tiempo en que se devenga el ingreso o el gasto con el momento en que se produce el cobro o el pago. Esta diferencia es lo que da lugar a la necesidad de realizar ajustes de periodificación.

La periodificación responde al principio contable del devengo, según el cual los ingresos y gastos deben reconocerse cuando se generan, independientemente de la fecha de cobro o de pago. Esto significa que:

▸ Si una empresa paga en diciembre un seguro que cubre todo el año siguiente, ese gasto debe imputarse al ejercicio futuro, y no al actual.

▸ Si en diciembre se realiza una venta que aún no se ha cobrado, el ingreso debe reconocerse igualmente en el ejercicio en curso.

En términos prácticos, la periodificación permite "ajustar" los ingresos y gastos, trasladándolos al ejercicio contable que realmente les corresponde.

Importancia de la periodificación

1. **Garantiza la imagen fiel:** evita que un ejercicio muestre más gastos o ingresos de los que realmente corresponden a su actividad.

2. **Cumple con la normativa contable:** el Plan General de Contabilidad (PGC) obliga a aplicar el principio de devengo.

3. **Facilita la toma de decisiones:** la dirección de la empresa necesita información precisa sobre los resultados de cada ejercicio para planificar correctamente.

4. **Evita distorsiones fiscales:** declarar ingresos o gastos en el periodo equivocado puede generar sanciones por parte de la Administración tributaria.

EJEMPLOS

- ▸ **Gasto anticipado:** en diciembre de 2025 se paga un seguro de 1.200 € que cubre todo 2025. Aunque el pago se hace en 2025, el gasto corresponde a 2026, por lo que debe registrarse como un gasto anticipado.

- ▸ **Ingreso pendiente de cobro:** en diciembre de 2025 una empresa vende mercancías por 5.000 €, que se cobrarán en febrero de 2026. Aunque el cobro se realiza en 2026, el ingreso debe reconocerse en 2025.

La periodificación de gastos e ingresos es, por tanto, un procedimiento contable imprescindible para asegurar la correcta imputación temporal de las operaciones. Constituye un puente entre la realidad económica y la contabilidad formal, y garantiza que los estados financieros reflejen de forma fiel y homogénea los resultados de la empresa en cada ejercicio.

3.7.1 Concepto de periodificación contable

La periodificación es el ajuste contable que permite **imputar los gastos e ingresos al ejercicio al que realmente pertenecen**, independientemente del momento en que se produzca el cobro o el pago.

En la práctica, esto significa que si una empresa paga por adelantado un gasto o cobra por anticipado un ingreso, esos importes no se reconocen todavía como gasto o ingreso, sino como **activos o pasivos temporales** que se trasladan al ejercicio futuro.

Asimismo, si al cierre del ejercicio existen gastos devengados pendientes de pago o ingresos generados pendientes de cobro, se deben reconocer en el ejercicio actual, aunque el dinero se mueva en el siguiente.

3.7.2 El principio del devengo y su aplicación práctica

El **principio del devengo** es uno de los pilares básicos de la contabilidad y está recogido en el marco conceptual del PGC. Su aplicación asegura que los ingresos y gastos se asignen al ejercicio en el que realmente se han producido, sin depender de los flujos de caja.

▸ **Ingreso devengado**: se registra cuando la empresa ya ha prestado el servicio o entregado el bien, aunque el cobro se produzca más adelante.

▸ **Gasto devengado**: se reconoce cuando la empresa recibe un servicio o consume un recurso, aunque el pago se realice en otra fecha.

EJEMPLO

▸ En diciembre de 2025, una empresa vende productos por 5.000 € que cobra en febrero de 2026. Según el principio del devengo, el ingreso pertenece a 2025.

Gracias a este principio, los estados financieros muestran con precisión el rendimiento económico de cada período.

3.7.3 Diferencia entre gastos/ingresos devengados y pagados/cobrados

Uno de los errores más frecuentes en los estudiantes es confundir "**cobro**" con "**ingreso**" y "**pago**" con "**gasto**".

Concepto	Cuándo se registra	Ejemplo
Pago	Cuando el dinero sale de la empresa	Pago en enero de la factura de luz de diciembre
Gasto	Cuando se consume un recurso, aunque no se pague aún	Consumo de electricidad en diciembre
Cobro	Cuando el dinero entra en la empresa	Cobro en febrero de una venta realizada en diciembre
Ingreso	Cuando se genera el derecho a cobrar	Venta de diciembre, aunque se cobre en febrero

Con esta distinción, se entiende que la contabilidad se centra en el **devengo**, no en los movimientos de tesorería.

3.7.4 Ajustes por periodificación

Los ajustes por periodificación se realizan en el cierre del ejercicio, y permiten reclasificar pagos y cobros según corresponda. Se dividen en cuatro categorías principales:

3.7.4.1 GASTOS ANTICIPADOS

Pagos efectuados en el ejercicio actual que corresponden al siguiente.

EJEMPLO

Pago en diciembre de 2025 de un seguro anual para 2026.

3.7.4.2 INGRESOS ANTICIPADOS

Cobros recibidos en el ejercicio actual pero que corresponden al siguiente.

EJEMPLO

Alquiler cobrado en noviembre de 2025 por un local que se utilizará en enero de 2026.

3.7.4.3 GASTOS PENDIENTES DE PAGO

Gastos ya devengados en el ejercicio actual, pero aún no abonados.

EJEMPLO

Factura de luz de diciembre de 2025 pagada en enero de 2026.

3.7.4.4 INGRESOS PENDIENTES DE COBRO

Ingresos generados en el ejercicio actual pero cobrados en el siguiente.

EJEMPLO

Venta de mercancías en diciembre de 2025 cobrada en febrero de 2026.

3.7.5 Asientos contables más habituales en la periodificación

Cuenta	Debe (€)	Haber (€)
(480) Gastos anticipados	✓ Debe	—
(625) Primas de seguros	—	✓ Haber

Tabla 3.6. Gasto anticipado (seguro)

Cuenta	Debe (€)	Haber (€)
(705) Ingresos por arrendamientos	✓ Debe	—
(485) Ingresos anticipados	—	✓ Haber

Tabla 3.7. Ingreso anticipado (alquiler cobrado)

Cuenta	Debe (€)	Haber (€)
(628) Suministros	✓ Debe	—
(410) Acreedores por servicios	—	✓ Haber

Tabla 3.8. Gasto pendiente de pago (suministros)

Cuenta	Debe (€)	Haber (€)
(430) Clientes	✓ Debe	—
(700) Ventas	—	✓ Haber

Tabla 3.9. Ingreso pendiente de cobro (venta)

3.7.6 Ejemplos prácticos resueltos

En contabilidad, no basta con registrar los hechos cuando se pagan o se cobran. Si así fuera, la información contable sería incompleta y no reflejaría adecuadamente la realidad económica de la empresa. Lo relevante no es el movimiento de dinero, sino **cuándo se produce realmente el hecho económico**.

Aquí entra en juego la **periodificación de gastos e ingresos**, que consiste en ajustar las cuentas para que cada ejercicio recoja solo los gastos consumidos y los ingresos devengados en él.

Esto se basa en el **principio del devengo**, recogido en el Plan General de Contabilidad (PGC), que establece que:

▸ **Los ingresos se registran cuando se generan**, aunque no se hayan cobrado.

▸ **Los gastos se registran cuando se consumen**, aunque aún no se hayan pagado.

EJEMPLO EXPLICATIVO

Una empresa paga en diciembre de 2025 un seguro anual de **1.200 €** que cubre enero–diciembre de 2026. Aunque el pago se realiza en 2025, el gasto corresponde a 2026.

Por tanto:

→ En 2025 se reconoce un **gasto anticipado (activo)**.
→ En 2026 se imputará el gasto real (625 Primas de seguros).

Gracias a estos ajustes, las cuentas anuales ofrecen una **imagen fiel** de la situación económica y financiera de la empresa.

Tipo de ajuste	Definición	Ejemplo	Cuenta clave
Gasto anticipado	Pago actual correspondiente al ejercicio siguiente	Seguro pagado en diciembre de 2025 para 2026	**(480)** Gastos anticipados
Ingreso anticipado	Cobro actual correspondiente al ejercicio siguiente	Alquiler cobrado en noviembre 2025 para enero de 2026	**(485)** Ingresos anticipados
Gasto pendiente	Gasto devengado no pagado	Factura de luz de diciembre	**(410)** Acreedores por servicios
Ingreso pendiente	Ingreso devengado no cobrado	Venta de diciembre cobrada en febrero	**(430)** Clientes

Tabla 3.10. Cuadro comparativo de ajustes por periodificación

Ejercicios resueltos de periodificación

EJEMPLO 1

Gasto anticipado (seguro pagado en diciembre de 2025)

Situación

- Seguro anual: **1.200 €**
- Pagado en diciembre de 2025
- Cubre: enero–diciembre de 2026 → **corresponde al ejercicio siguiente**

Concepto	Detalle contable	Importe (€)
Situación	Pago de seguro correspondiente a 2026	1.200
Ajuste en 2025 — Asiento de periodificación	**Debe:** (480) Gastos anticipados	1.200
	Haber: (625) Primas de seguros	1.200

▌ EJEMPLO 2

Ingreso pendiente de cobro (venta de diciembre de 2025)

Situación

▸ Venta en diciembre de 2025

▸ Importe: **5.000 €**

▸ Cobro previsto: febrero de 2026

→ El ingreso pertenece a **2025**, aunque aún no esté cobrado.

Concepto	Detalle contable	Importe (€)
Situación	Venta devengada en diciembre	5.000
Ajuste en 2025 — Asiento de periodificación	**Debe:** (430) Clientes	5.000
	Haber: (700) Ventas	5.000

Conclusión

La periodificación de gastos e ingresos asegura que la contabilidad de una empresa cumpla con el principio del devengo y refleje fielmente los resultados del ejercicio. Para un lector, comprender este proceso significa aprender que la contabilidad no se centra en el flujo de caja inmediato, sino en la realidad económica del período.

Gracias a estos ajustes, las cuentas anuales muestran información útil, comparable y fiable, imprescindible tanto para la gestión interna como para el análisis de terceros (inversores, acreedores o la administración).

3.8 REALIZACIÓN DE UN CICLO CONTABLE BÁSICO COMPLETO

La contabilidad no consiste en apuntar operaciones de forma aislada, sino en seguir un **proceso ordenado** que convierte la actividad diaria de la empresa en información financiera estructurada. Este proceso recibe el nombre de **ciclo contable** y abarca todas las fases necesarias para transformar los documentos origen de las operaciones en los estados financieros que resumen la situación patrimonial y económica de la entidad.

El ciclo contable es, por tanto, una **herramienta pedagógica** fundamental, ya que muestra de manera integrada cómo funcionan los registros contables. Además, permite comprender la lógica que conecta cada fase: desde la primera anotación en el libro diario hasta la presentación de las cuentas anuales.

3.8.1 Introducción al ciclo contable

La contabilidad de una empresa no consiste en asientos aislados, sino en un proceso continuo y ordenado que comienza con la recopilación de documentos y termina con la elaboración de las cuentas anuales. Este proceso recibe el nombre de ciclo contable.

El ciclo contable abarca todas las fases necesarias para el registro, organización y presentación de la información contable de un ejercicio económico, que normalmente coincide con el año natural (del 1 de enero al 31 de diciembre).

Finalidad del ciclo contable

El ciclo contable tiene una **doble finalidad**:

1. **Informar internamente a la dirección de la empresa**

   - Proporciona datos fiables para analizar la situación económica y tomar decisiones estratégicas.

   - Por ejemplo: decidir si conviene invertir en nueva maquinaria, contratar más personal o solicitar un préstamo.

2. **Cumplir externamente con las obligaciones legales**

   - Garantiza que la empresa pueda rendir cuentas ante sus socios, Hacienda y otros terceros interesados (acreedores, bancos, inversores).

   - Este cumplimiento otorga transparencia y credibilidad a la empresa.

Fases del ciclo contable básico

Un ciclo contable completo sigue una serie de fases ordenadas:

1. **Documentación origen**: recopilación de facturas, recibos, nóminas y justificantes que dan soporte a las operaciones.

2. **Registro en el libro diario**: anotación cronológica de las operaciones aplicando el principio de partida doble.

3. **Traslado al libro mayor**: clasificación de los movimientos por cuentas, para conocer su evolución individual.

4. **Balance de comprobación**: verificación de que la suma del Debe es igual a la suma del Haber.

5. **Ajustes de cierre**: correcciones necesarias para que los estados reflejen la realidad económica (amortizaciones, provisiones, periodificaciones, regularización de existencias).

6. **Cálculo del resultado del ejercicio**: comparación de ingresos y gastos para determinar si la empresa obtiene beneficio o pérdida.

7. **Cuentas anuales**: elaboración del balance de situación, la cuenta de pérdidas y ganancias y la memoria contable.

EJEMPLO

Supongamos que una empresa realiza estas operaciones:

- En febrero compra mercancías por **10.000 €**
- En mayo vende esas mercancías por **15.000 €**

El ciclo contable transformará estas operaciones en:

1. **Asientos contables**: se registra primero la compra y luego la venta.

2. **Balances intermedios**: permiten comprobar que Debe = Haber.

3. **Resultado del ejercicio**: al comparar ingresos (15.000 €) y gastos (10.000 €), se obtiene un **beneficio de 5.000 €**

De esta forma, la contabilidad convierte hechos económicos en información financiera organizada y útil. *Representación gráfica del ciclo contable básico, desde la documentación origen hasta la elaboración de las cuentas anuales.*

El ciclo contable constituye la columna vertebral de la contabilidad. A través de él, la empresa pasa de operaciones concretas y dispersas a información estructurada, fiable y comparable.

Esquema de la regularización de ingresos y gastos

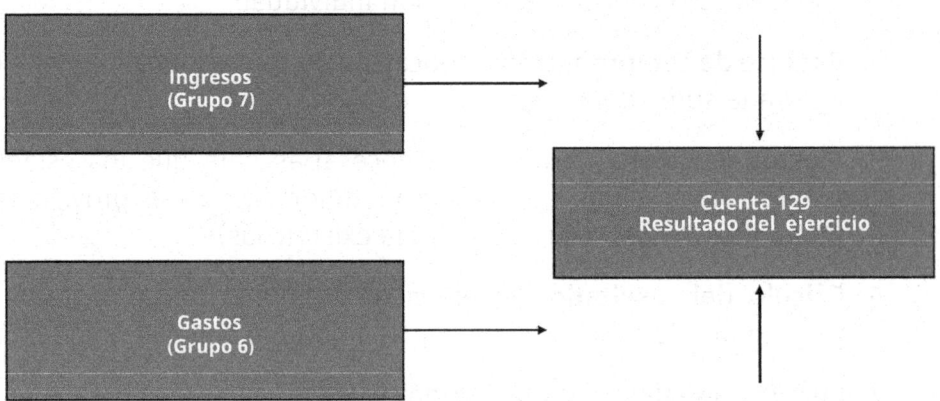

Entender el ciclo contable es fundamental, ya que ofrece una visión global: cada asiento no es un fin en sí mismo, sino un eslabón dentro de un proceso mayor que culmina en la elaboración de las cuentas anuales.

3.8.2 Documentación origen: facturas, recibos y justificantes

Toda operación contable debe estar respaldada por un documento que la justifique. Sin documentación, el registro contable carece de validez legal y no ofrece la trazabilidad necesaria para auditorías internas, inspecciones fiscales o revisiones de terceros.

La documentación origen es, por tanto, el punto de partida de la contabilidad, porque proporciona la evidencia objetiva de que una operación se ha producido. Estos documentos sirven tanto para registrar los hechos contables como para demostrar, llegado el caso, que la operación es real y cumple con la normativa.

Documento	Finalidad	Ejemplo
Facturas	Justifican operaciones de venta (emitidas) o compra (recibidas)	Compra de mercaderías por 2.000 €
Recibos	Sirven como comprobante de pagos periódicos	Recibo de alquiler de 800 €
Nóminas	Reflejan la remuneración al personal	Salario de un empleado: 1.500 €
Justificantes bancarios	Acreditan operaciones financieras (transferencias, ingresos, pagos)	Transferencia de 3.000 € a un proveedor

Tabla 3.11. Tipos principales de documentos origen

EJEMPLO

Supongamos que la empresa recibe una **factura de compra** por importe de **2.420 €**, desglosados en:

▸ Base imponible: 2.000 €

▸ IVA (21%): 420 €

▸ Total factura: 2.420 €

Cuenta	Debe (€)	Haber (€)
(600) Compras	2.000	—
(472) IVA soportado	420	—
(400) Proveedores	—	2.420

Tabla 3.12. Asiento contable en el libro diario

▸ La cuenta **(600) Compras** refleja el gasto de mercaderías.

▸ La cuenta **(472) IVA soportado** representa el derecho de la empresa a deducir el IVA en su declaración.

▸ La cuenta **(400) Proveedores** refleja la deuda con el proveedor.

Representación visual

Para facilitar la comprensión, podemos representar el recorrido de la documentación origen hasta su reflejo contable:

Esquema visual de la documentación origen

1. **Documento recibido (factura, recibo, nómina, justificante bancario)**.

2. **Clasificación del documento** según su naturaleza (compra, gasto, ingreso, movimiento financiero).

3. **Registro contable en el libro diario**, aplicando la partida doble.

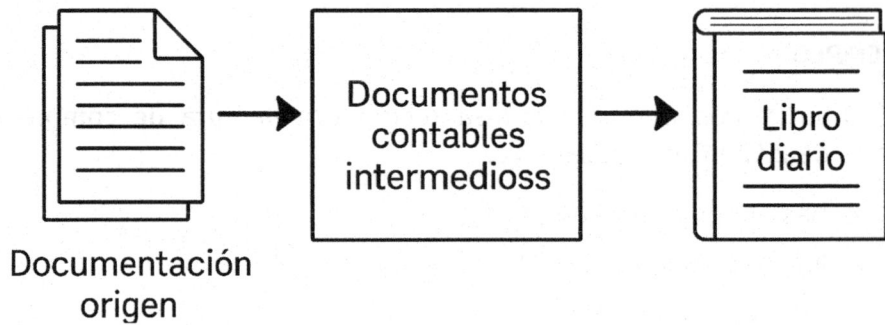

Figura 3.1. Representación esquemática del recorrido de la documentación origen hasta el libro diario

La documentación origen no es un simple requisito administrativo, sino la **garantía de que la contabilidad refleja operaciones reales y comprobables**.

- Permite dar seguridad jurídica a los registros.

- Facilita el control interno y externo.

- Constituye la base para aplicar correctamente los principios contables.

Comprender el papel de la documentación origen es esencial, ya que constituye el primer paso para transformar la actividad económica diaria en información financiera estructurada.

3.8.3 Registro en el libro diario

El **libro diario** es el punto de partida del registro contable y constituye uno de los documentos obligatorios que toda empresa debe llevar según el **Código de Comercio** y el **Plan General de Contabilidad (PGC)**.

Su función principal es recoger, en orden cronológico, todas las operaciones económicas realizadas por la empresa, de manera que se pueda reconstruir la historia contable del ejercicio desde el primer día hasta el último.

En este libro se aplica siempre el principio de partida doble, lo que significa que:

- Cada operación afecta, como mínimo, a **dos cuentas contables**.

- A todo cargo en el **Debe** le corresponde un abono en el **Haber** por el mismo importe.

- La suma de los cargos debe ser igual a la suma de los abonos.

De esta forma, se garantiza que la contabilidad esté siempre equilibrada.

Características principales del libro diario

1. **Registro cronológico**
   - Cada asiento se anota en el orden en que ocurre la operación.
   - Esto permite llevar un control exacto de las transacciones en el tiempo.

2. **Numeración de asientos**
   - Los asientos se registran con un número consecutivo que facilita su identificación y consulta posterior.

3. **Contenido mínimo de cada asiento**
   - Fecha de la operación.
   - Número de asiento.
   - Cuentas contables afectadas.
   - Importe en el Debe.
   - Importe en el Haber.

4. **Equilibrio contable**

- En cada asiento, la suma del Debe debe ser siempre igual a la del Haber.
- Esta igualdad es lo que diferencia el método de partida doble de otros sistemas más simples.

EJEMPLO

Supongamos que la empresa compra **mobiliario por 3.000 € a crédito** el 5 de marzo de 2025.

Fecha	Nº Asiento	Cuenta	Debe (€)	Haber (€)
05/03/2025	1	216 Mobiliario	3.000	—
		400 Proveedores	—	3.000

Tabla 3.13. Asiento en el libro diario

- La cuenta **216 Mobiliario** se carga en el **Debe**, porque representa un aumento del activo (los bienes de la empresa).
- La cuenta **400 Proveedores** se abona en el **Haber**, porque refleja la deuda contraída con el proveedor.

El asiento está equilibrado: Debe (3.000 €) = Haber (3.000 €).

EJEMPLO ADICIONAL 1

Pago de un alquiler

El 10 de marzo de 2025 la empresa paga un alquiler mensual de **1.200 € mediante transferencia bancaria**.

Fecha	Nº Asiento	Cuenta	Debe (€)	Haber (€)
10/03/2025	2	621 Arrendamientos	1.200	—
		(572) Bancos	—	1.200

▼ La cuenta (**621) Arrendamientos** se carga en el Debe porque refleja un gasto.

▼ La cuenta (**572) Bancos** se abona en el Haber porque disminuye el saldo de la cuenta corriente.

EJEMPLO 2

Venta de mercancías a crédito

El 15 de marzo de 2025 la empresa vende mercancías por **5.000 € a crédito**.

Fecha	Nº Asiento	Cuenta	Debe (€)	Haber (€)
15/03/2025	3	(430) Clientes	5.000	—
		(700) Ventas	—	5.000

▼ La cuenta (**430) Clientes** se carga en el Debe porque la empresa tiene un derecho de cobro.

▼ La cuenta (**700) Ventas** se abona en el Haber porque refleja un ingreso.

Análisis

Estos ejemplos muestran que el libro diario es como una **bitácora de operaciones**, donde cada hecho económico se convierte en un asiento.

▼ En el **Debe** se anotan los aumentos de activo y los gastos.

▼ En el **Haber** se anotan los aumentos de pasivo, de patrimonio neto y los ingresos.

Lo importante no es memorizar las cuentas, sino entender la lógica:

▼ Lo que entra o representa un derecho → **Debe**.

▼ Lo que sale o representa una obligación → **Haber**.

El **libro diario** constituye la primera fase del ciclo contable y es la base para el posterior traslado de las operaciones al **libro mayor**. Su correcta utilización garantiza que la contabilidad se mantenga equilibrada y que cada operación quede registrada con fecha y detalle.

Para un estudiante, dominar el funcionamiento del diario es esencial, porque en él se empieza a aplicar la lógica de la partida doble que sustenta todo el sistema contable.

3.8.4 Traslado al libro mayor

Una vez registradas las operaciones en el **libro diario**, el siguiente paso del ciclo contable es trasladarlas al **libro mayor**.

- ▼ El **libro diario** responde a la pregunta: *¿qué pasó y cuándo?* porque registra cada operación en orden cronológico.

- ▼ El **libro mayor**, en cambio, responde a: *¿cómo evoluciona cada cuenta?*, ya que clasifica las operaciones por cuentas contables y muestra los movimientos acumulados en cada una de ellas.

De esta manera, el libro mayor permite:

1. Conocer el saldo actualizado de cada cuenta.

2. Facilitar la elaboración del balance de comprobación.

3. Visualizar si una cuenta es deudora o acreedora.

EJEMPLO

Continuando con el asiento visto anteriormente en el libro diario:

- ▼ Compra de mobiliario por 3.000 € a crédito.

Asiento en el libro diario:

- ▼ Debe: 216 Mobiliario → 3.000 €
- ▼ Haber: 400 Proveedores → 3.000 €

Al trasladar este asiento al **libro mayor**, tenemos lo siguiente:

Cuenta	Concepto	Debe (€)	Haber (€)	Saldo
(216) Mobiliario	Compra	3.000	—	3.000 D
(400) Proveedores	Compra	—	3.000	3.000 H

Representación visual

El libro mayor suele representarse gráficamente mediante las llamadas **"cuentas en T"**, donde a la izquierda se anota el **Debe** y a la derecha el **Haber**.

Esquema visual del traslado al libro mayor

▼ La cuenta 216 (Mobiliario) muestra un saldo deudor de 3.000 € porque refleja un bien adquirido.

▼ La cuenta 400 (Proveedores) muestra un saldo acreedor de 3.000 € porque representa una deuda con un proveedor.

Cuenta 216 - Mobiliario   **Cuenta 400 - Proveedores**

Debe	Haber	Debe	Haber
3.000 €	—	—	3.000 €

Figura 3.1. Representación gráfica del traslado de un asiento del diario al libro mayor en forma de cuentas "T".

El **libro mayor** es clave para tener una visión clara de la evolución de cada cuenta. Gracias a él, el contable puede comprobar el saldo actualizado de clientes, proveedores, bancos, existencias o cualquier otra cuenta, lo que facilita la toma de decisiones y la preparación de balances.

3.8.5 Elaboración del balance de comprobación de sumas y saldos

La contabilidad se basa en el principio de que toda operación económica afecta, al menos, a dos cuentas: una que se carga en el Debe y otra que se abona en el Haber. Esta es la esencia del método de partida doble.

Sin embargo, cuando la empresa ha registrado decenas o cientos de operaciones, puede resultar difícil comprobar manualmente si la contabilidad está correctamente equilibrada. Para resolver este problema se utiliza el balance de comprobación de sumas y saldos, también conocido como balance de comprobación.

Este documento no forma parte de las cuentas anuales obligatorias, pero cumple una función esencial: verificar que el total del Debe coincide con el total del Haber y mostrar el saldo de cada cuenta.

Finalidad del balance de comprobación

1. **Detectar errores aritméticos**: si Debe ≠ Haber, hay un descuadre en los asientos.

2. **Conocer la situación intermedia**: permite ver los saldos de cada cuenta antes de realizar los ajustes de cierre.

3. **Facilitar la elaboración de estados financieros**: sirve de punto de partida para preparar el balance de situación y la cuenta de pérdidas y ganancias.

Estructura del balance de comprobación

Un balance de comprobación presenta la siguiente información para cada cuenta contable:

- **Número de cuenta**: código del Plan General de Contabilidad (PGC).

- **Nombre de la cuenta**: descripción (ej.: Proveedores, Bancos, Clientes).

- **Suma del Debe**: total de cargos registrados en esa cuenta.

- **Suma del Haber**: total de abonos registrados.

- **Saldo deudor**: diferencia a favor del Debe.

- **Saldo acreedor**: diferencia a favor del Haber.

La suma de todos los saldos deudores debe ser igual a la de todos los saldos acreedores.

EJEMPLO

Supongamos que la empresa registra estas operaciones:

- Compra de mobiliario por 3.000 € a crédito.

El asiento sería:

- Debe: 216 Mobiliario → 3.000 €
- Haber: 400 Proveedores → 3.000 €

Tras varios registros, elaboramos el balance de comprobación:

Cuenta	Debe (€)	Haber (€)	Saldo Deudor (€)	Saldo Acreedor (€)
(216) Mobiliario	3.000	—	3.000	—
(400) Proveedores	—	3.000	—	3.000
Totales	**3.000**	**3.000**	—	—

El balance está cuadrado → no existen descuadres.

Análisis

Este balance nos enseña varias cosas:

▶ La cuenta 216 (Mobiliario) presenta un **saldo deudor** de 3.000 €, porque el mobiliario es un bien que aumenta en el activo.

▶ La cuenta 400 (Proveedores) presenta un **saldo acreedor** de 3.000 €, porque representa una deuda que la empresa tiene pendiente de pagar.

▶ Las sumas del Debe y del Haber coinciden, lo que demuestra que los asientos se registraron correctamente.

Representación visual

El balance de comprobación puede representarse de manera gráfica para facilitar la comprensión:

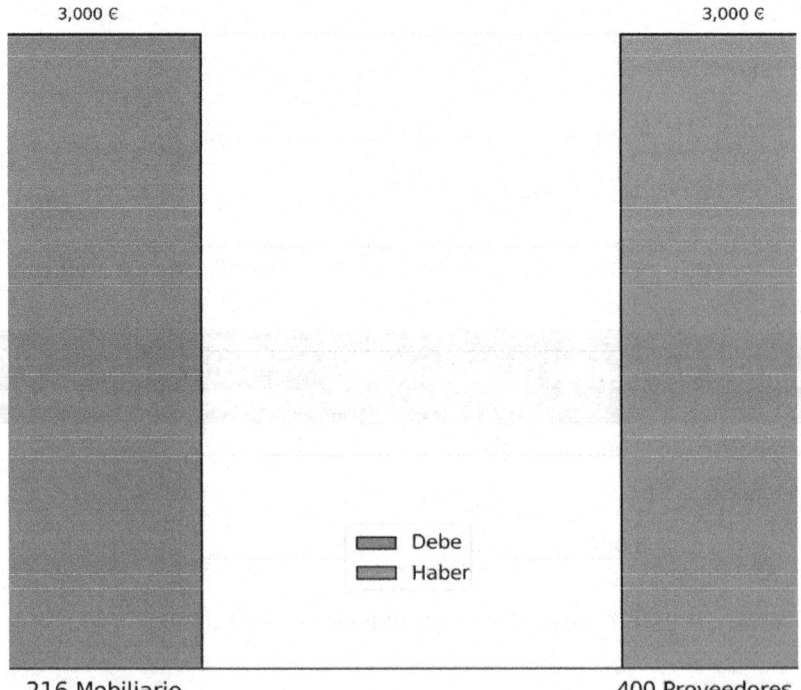

Esquema visual del balance de comprobación

▼ Una barra para el **Debe total** (3.000 €).

▼ Una barra para el **Haber total** (3.000 €).

▼ Ambas coinciden en altura, mostrando que el balance está cuadrado.

El balance de comprobación de sumas y saldos es una herramienta de control interno muy útil. Aunque no es un documento que deba presentarse legalmente, ayuda al contable a asegurarse de que todos los registros cumplen con el método de partida doble y que la contabilidad está en equilibrio.

Este ejemplo sencillo es clave para comprender la lógica del balance: **todo lo que entra en la empresa (Debe) debe tener una contrapartida que lo financie (Haber)**.

3.8.6 Ajustes contables de cierre

Al terminar un ejercicio contable, no basta con haber registrado todas las operaciones en los libros de diario y mayor. Es necesario **revisar, corregir y ajustar** las cuentas para que los estados financieros finales reflejen de forma fidedigna la **realidad económica** de la empresa.

Estos ajustes permiten:

▼ Asignar ingresos y gastos al ejercicio que realmente corresponde (**principio del devengo**).

▼ Reflejar pérdidas o riesgos que aún no se han materializado, pero que son probables (**principio de prudencia**).

▼ Mostrar con exactitud el valor de los activos, pasivos y patrimonio neto.

Entre los ajustes de cierre más importantes encontramos:

▼ **Amortizaciones**: pérdida de valor de los activos.

▼ **Provisiones**: previsión de riesgos y pérdidas probables.

- ▼ **Periodificaciones**: imputación correcta de ingresos y gastos a cada ejercicio.

- ▼ **Regularización de existencias**: actualización del valor de inventarios.

3.8.6.1 AMORTIZACIONES

La amortización refleja la pérdida de valor que experimentan los activos fijos de la empresa con el paso del tiempo o su uso. En lugar de registrar todo el gasto en el momento de la compra, se reparte a lo largo de los años de vida útil del bien.

▌ EJEMPLO

Una empresa adquiere una máquina por 20.000 €. Se estima que podrá utilizarla durante 10 años, sin valor residual. En consecuencia, cada año debe registrarse una **cuota de amortización** de 2.000 €.

Cuenta	Debe (€)	Haber (€)
(681) Amortización del inmovilizado material	2.000	—
(281) Amortización acumulada del inmovilizado material	—	2.000

Tabla 3.14. Asiento contable

De este modo, el resultado del ejercicio refleja el gasto de uso de la máquina y el balance muestra el valor real del activo (coste inicial menos amortización acumulada).

3.8.6.2 PROVISIONES

A diferencia de la amortización, que refleja una pérdida cierta, la **provisión** es un gasto que se reconoce para cubrir una pérdida o riesgo probable. La provisión no significa que el hecho haya ocurrido ya, sino que es altamente posible que ocurra.

EJEMPLO

Un cliente debe 5.000 € y atraviesa graves dificultades financieras. Aunque todavía no se ha declarado insolvente, la empresa considera probable no recuperar la deuda. Se dota una provisión por el importe.

Cuenta	Debe (€)	Haber (€)
(694) Pérdidas por deterioro de créditos comerciales	5.000	—
(490) Provisión por insolvencias de tráfico	—	5.000

Tabla 3.15. Asiento contable

Con este ajuste, la empresa reconoce el posible impacto negativo en sus cuentas, aplicando el principio de prudencia.

3.8.6.3 PERIODIFICACIONES

Las periodificaciones permiten trasladar ingresos y gastos al ejercicio que realmente les corresponde. Se utilizan en casos de pagos o cobros anticipados, o de gastos e ingresos pendientes.

EJEMPLO

En diciembre de 2025, la empresa paga un seguro de 1.200 € que cubre desde enero a diciembre de 2026. Aunque el pago se hizo en 2026, el gasto corresponde al ejercicio siguiente, por lo que debe periodificarse.

Cuenta	Debe (€)	Haber (€)
(480) Gastos anticipados	1.200	—
(625) Primas de seguros	—	1.200

Tabla 3.16. Asiento contable

Así, el gasto se traslada al ejercicio 2026, respetando el principio del devengo.

3.8.6.4 REGULARIZACIÓN DE EXISTENCIAS

La **regularización de existencias** consiste en comparar el valor de las existencias iniciales y finales para calcular el consumo real de mercancías durante el ejercicio.

▎**EJEMPLO**

La empresa comienza el año con existencias valoradas en 10.000 €. Al cierre del ejercicio, tras realizar el inventario, se comprueba que el valor de las existencias finales asciende a 12.000 €.

Esto supone un aumento de existencias de 2.000 €, que debe reflejarse contablemente.

Cuenta	Debe (€)	Haber (€)
(300) Existencias finales	12.000	—
(610) Variación de existencias	—	2.000

Tabla 3.17. Asiento contable

Con este ajuste, los estados financieros reflejan fielmente el valor real del stock disponible.

Tipo de ajuste	Finalidad	Ejemplo	Asiento contable
Amortizaciones	Distribuir el coste de los activos a lo largo de su vida útil	Máquina de 20.000 € en 10 años (2.000 €/año)	681 Amortización (D) / 281 Amortización acumulada (H)
Provisiones	Reconocer riesgos o pérdidas probables	Cliente con deuda dudosa de 5.000 €	694 Pérdidas por deterioro (D) / 490 Provisión (H)
Periodificaciones	Imputar ingresos y gastos al ejercicio correcto	Seguro de 1.200 € pagado en 2025 que corresponde a 2026	480 Gastos anticipados (D) / 625 Primas de seguros (H)
Regularización de existencias	Ajustar el inventario final al valor real	Existencias iniciales 10.000 €, finales 12.000 €	300 Existencias (D) / 610 Variación de existencias (H)

Tabla 3.18. Cuadro comparativo de los ajustes de cierre

Los ajustes contables de cierre constituyen una etapa clave del ciclo contable. Sin ellos, los estados financieros podrían mostrar cifras engañosas, al no respetar los principios de devengo y prudencia.

- ▶ Las **amortizaciones** permiten reflejar el desgaste real de los activos.

- ▶ Las **provisiones** aseguran que las posibles pérdidas futuras estén reconocidas.

- ▶ Las **periodificaciones** garantizan que cada gasto e ingreso se registre en el ejercicio que le corresponde.

- ▶ La **regularización de existencias** actualiza el valor del inventario, reflejando el consumo o incremento de mercancías.

Para un estudiante, dominar este apartado significa comprender que la contabilidad no solo se ocupa de registrar operaciones, sino de **ajustar la información** para que los estados financieros representen de forma fiel y prudente la situación de la empresa.

3.8.7 Cálculo y registro del resultado del ejercicio

Una de las preguntas fundamentales que debe responder la contabilidad es: **¿la empresa ha ganado o ha perdido dinero durante el ejercicio?** La respuesta se obtiene mediante el **cálculo del resultado del ejercicio**, que consiste en comparar los **ingresos** y **gastos** registrados, una vez aplicados los ajustes contables de cierre.

El resultado puede ser:

- ▶ **Beneficio**: cuando los ingresos superan a los gastos.
- ▶ **Pérdida**: cuando los gastos son mayores que los ingresos.

Este resultado no se mide por los cobros y pagos de caja, sino por los ingresos y gastos devengados durante el período, aplicando el **principio del devengo**.

Además, el resultado no se limita a ser un número aislado: tiene un impacto directo en el **patrimonio neto de la empresa**, incrementándolo si hay beneficios o reduciéndolo si hay pérdidas.

Procedimiento para calcular el resultado

1. **Suma de los ingresos**: se agrupan las cuentas de la clase 7 (ventas, ingresos financieros, otros ingresos).

2. **Suma de los gastos**: se agrupan las cuentas de la clase 6 (compras, gastos de personal, suministros, amortizaciones, provisiones, etc.).

3. **Comparación**: se restan los gastos de los ingresos.
   - Si el resultado es positivo → beneficio.
   - Si es negativo → pérdida.

4. **Registro contable**: se traspasan todas las cuentas de ingresos y gastos a la cuenta 129 "Resultado del ejercicio", que actúa como cuenta de cierre.

EJEMPLO 1

Empresa con beneficio

La empresa Beta, S.A. presenta al cierre del ejercicio los siguientes datos:

- Ingresos por ventas: 50.000 €

- Gastos (compras, sueldos, suministros): 40.000 €

Resultado:
50.000 € (ingresos) – 40.000 € (gastos) = **10.000 € de beneficio.**

Cuenta	Debe (€)	Haber (€)
Cuentas de gastos (clase 6)		40.000
Cuentas de ingresos (clase 7)	50.000	
(129) Resultado del ejercicio		10.000

Tabla 3.19. Asiento contable de regularización

En este asiento:

▶ Se cancelan las cuentas de ingresos y gastos, dejando a cero las clases 6 y 7.

▶ La diferencia se traspasa a la cuenta 129, que recoge el beneficio.

EJEMPLO 2

Empresa con pérdida

La empresa Gamma, S.A. presenta al cierre:

▶ Ingresos: 30.000 €

▶ Gastos: 36.000 €

Resultado:
30.000 € – 36.000 € = **–6.000 € (pérdida).**

Cuenta	Debe (€)	Haber (€)
Cuentas de gastos (clase 6)		36.000
Cuentas de ingresos (clase 7)	30.000	
(129) Resultado del ejercicio	6.000	

Tabla 3.20. Asiento contable

En este caso, la cuenta 129 refleja una pérdida de 6.000 €, que reducirá el patrimonio neto de la empresa.

Situación	Ingresos	Gastos	Resultado	Impacto
Beneficio	50.000 €	40.000 €	+10.000 €	Aumenta el patrimonio neto
Pérdida	30.000 €	36.000 €	–6.000 €	Reduce el patrimonio neto

Tabla 3.21. Comparación entre beneficio y pérdida

Importancia del resultado

1. **Interna**: permite a la dirección conocer si las operaciones de la empresa han sido rentables.

2. **Externa**: el resultado se comunica en la **cuenta de pérdidas y ganancias** y sirve para calcular impuestos, dividendos y reservas.

3. **Legal**: el Código de Comercio y el Plan General de Contabilidad obligan a determinar el resultado y presentarlo en las cuentas anuales.

El cálculo y registro del resultado del ejercicio es la culminación de todo el ciclo contable. A través de este proceso, la empresa sabe si su actividad ha generado beneficios o pérdidas y en qué medida su patrimonio neto se ha visto afectado.

Este apartado representa el paso de los **ajustes técnicos** a la **interpretación económica**: no basta con registrar asientos, sino que es necesario entender su impacto global en la situación financiera de la empresa.

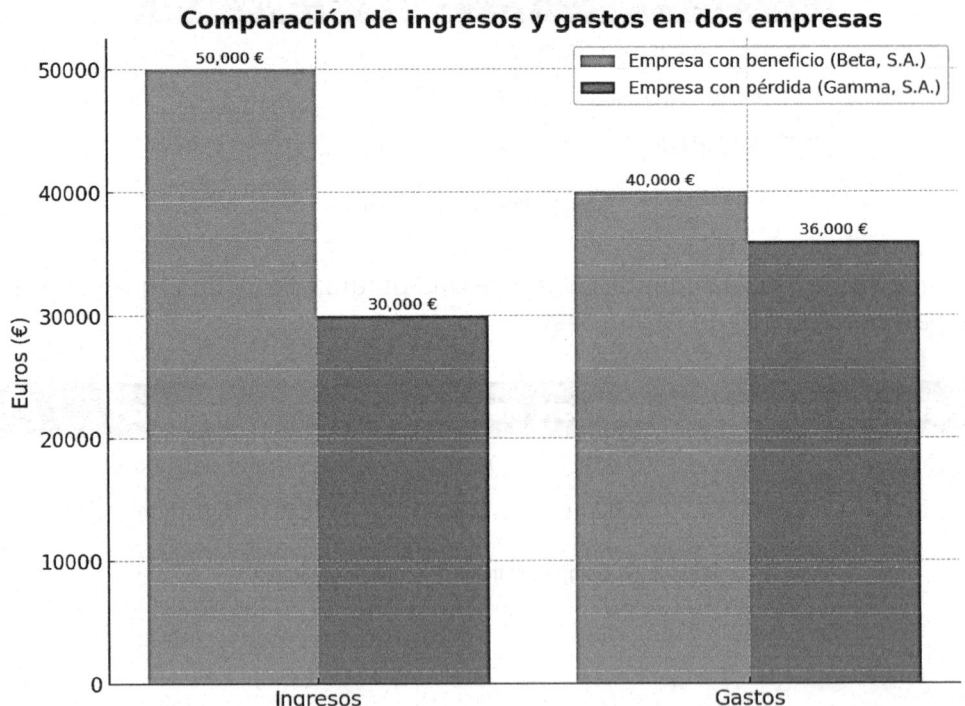

3.8.8 Elaboración de las cuentas anuales básicas

Las **cuentas anuales** constituyen el producto final del ciclo contable y representan la síntesis de toda la información registrada durante el ejercicio. Gracias a ellas, es posible conocer con precisión la **situación patrimonial, financiera y económica de la empresa** en una fecha determinada, normalmente al cierre del ejercicio (31 de diciembre).

Su elaboración está regulada por el **Plan General de Contabilidad (PGC)** y por la legislación mercantil española, lo que garantiza uniformidad, comparabilidad y transparencia.

Las cuentas anuales incluyen tres documentos básicos para las pymes:

1. **Balance de situación**.

2. **Cuenta de pérdidas y ganancias**.

3. **Memoria contable**.

En grandes empresas también se exige el **estado de cambios en el patrimonio neto** y el **estado de flujos de efectivo**, pero en este manual nos centraremos en las tres primeras.

3.8.8.1 BALANCE DE SITUACIÓN

El **balance de situación** es una fotografía del patrimonio de la empresa en un momento concreto. Se divide en tres bloques principales:

- **Activo**: lo que la empresa posee o tiene derecho a recibir (bienes, derechos, dinero en bancos).

- **Pasivo**: lo que la empresa debe a terceros (deudas, préstamos, proveedores).

- **Patrimonio neto**: la diferencia entre activo y pasivo; representa los recursos propios de la empresa (capital, reservas, resultado del ejercicio).

▌ **EJEMPLO DE BALANCE SIMPLIFICADO (31/12/2025)**

Activo	Importe (€)	Pasivo y PN	Importe (€)
Bancos	7.000	Proveedores	12.000
Clientes	8.000	Préstamos bancarios	6.000
Existencias	12.000	Capital social	10.000
Maquinaria (neto)	9.000	Reservas	8.000
Total Activo	**36.000**	**Total Pasivo + PN**	**36.000**

Como exige la contabilidad, el activo siempre es igual a la suma del pasivo más el patrimonio neto.

3.8.8.2 CUENTA DE PÉRDIDAS Y GANANCIAS

La **cuenta de pérdidas y ganancias** (PyG) muestra los ingresos y gastos del ejercicio, permitiendo calcular el **resultado final**: beneficio o pérdida.

▌ **EJEMPLO SIMPLIFICADO (2025)**

Concepto	Importe (€)
Ingresos por ventas	50.000
Gastos de personal	–15.000
Compras de mercaderías	–20.000
Gastos financieros	–2.000
Amortización maquinaria	–2.000
Resultado del ejercicio	**+11.000**

En este ejemplo, la empresa obtiene un beneficio neto de 11.000 €.

3.8.8.3 MEMORIA CONTABLE

La **memoria** complementa y explica la información del balance y de la cuenta de pérdidas y ganancias. No se limita a repetir cifras, sino que aporta contexto, criterios y detalles cualitativos.

Incluye, entre otros, los siguientes apartados:

▶ Criterios de valoración aplicados (ej.: amortización lineal a 10 años).

▶ Desglose de partidas significativas (ej.: préstamos, provisiones, impuestos).

▶ Información sobre riesgos, contingencias y compromisos.

▶ Hechos posteriores al cierre relevantes para la empresa.

EJEMPLO

En la memoria se puede indicar que el saldo de clientes (8.000 €) incluye un litigio pendiente con un cliente por 2.000 €, lo cual es información relevante para interpretar el balance.

Las **cuentas anuales básicas** son el resultado de todo el ciclo contable y cumplen una doble función:

▶ **Interna**: sirven a la dirección para evaluar la rentabilidad y solvencia de la empresa.

▶ **Externa**: son presentadas ante el Registro Mercantil y utilizadas por acreedores, inversores y administraciones.

Comprender las cuentas anuales significa entender cómo los registros individuales y los ajustes de cierre se integran en un documento final que resume la situación global de la empresa.

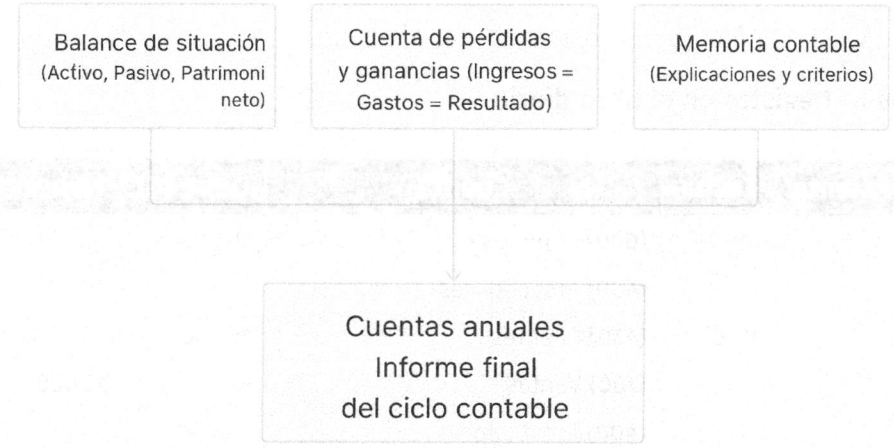

Figura 3.2. Esquema de las cuentas anuales básica

3.8.9 Ejemplo completo de un ciclo contable con asientos y balances

Para consolidar los conocimientos adquiridos en los apartados anteriores, resulta fundamental analizar un caso práctico que muestre, de manera integrada, todas las fases del ciclo contable.

En este ejemplo, trabajaremos con operaciones sencillas pero representativas: compras, ventas, pagos, cobros y regularización de existencias. A través de estas operaciones, veremos cómo se registran en el **libro diario**, cómo se trasladan al **libro mayor**, cómo afectan al **balance de comprobación**, qué ajustes se realizan y cómo, finalmente, se reflejan en las **cuentas anuales**.

Caso práctico

La empresa **Delta, S.A.** realiza durante el ejercicio 2025 las siguientes operaciones:

1. 05/01 Compra de mercancías por 10.000 € a crédito.

2. 15/02 Pago a proveedores por 5.000 €

3. 20/03 Cobro de clientes por 7.000 €

4. 10/04 Regularización de existencias: iniciales 10.000 €, finales 12.000 €

5. 31/12 Cálculo del resultado del ejercicio.

• PASO 1. **Registro en el libro diario**

Nº Asiento	Fecha	Cuenta	Debe (€)	Haber (€)
1	05/01	**(600)** Compras	10.000	—
		(400) Proveedores	—	10.000
2	15/02	**(430)** Clientes	15.000	—
		(700) Ventas	—	15.000
3	20/03	**(400)** Proveedores	5.000	—
		(572) Bancos	—	5.000

Nº Asiento	Fecha	Cuenta	Debe (€)	Haber (€)
4	10/04	**(572)** Bancos	7.000	—
		(430) Clientes	—	7.000
5	31/12	**(300)** Existencias finales	12.000	—
		(610) Variación de existencias	—	12.000

• PASO 2. **Traslado al libro mayor**

A continuación, veamos cómo quedan las cuentas en el **libro mayor**:

Cuenta	Debe (€)	Haber (€)	Saldo
(600) Compras	10.000	—	**10.000 D**
(400) Proveedores	5.000	10.000	5.000 H
(430) Clientes	15.000	7.000	**8.000 D**
(700) Ventas	—	15.000	**15.000 H**
(572) Bancos	7.000	5.000	**2.000 D**
(300) Existencias finales	12.000	—	**12.000 D**
(610) Variación de existencias	—	2.000	**2.000 H**

• PASO 3. **Balance de comprobación de sumas y saldos**

Cuenta	Debe (€)	Haber (€)	Saldo
(600) Compras	10.000	—	**10.000 D**
(400) Proveedores	5.000	10.000	**5.000 H**
(430) Clientes	15.000	7.000	**8.000 D**
(700) Ventas	—	15.000	**15.000 H**
(572) Bancos	7.000	5.000	**2.000 D**
(300) Existencias finales	12.000	—	**12.000 D**
(610) Variación de existencias	—	2.000	**2.000 H**
Totales	**44.000**	**44.000**	—

El balance de comprobación confirma que Debe = Haber, por lo que no hay descuadres.

- **PASO 4. Cálculo del resultado**

  ▶ Ingresos (Ventas): 15.000 €

  ▶ Gastos (Compras – ajuste de existencias): 10.000 € – 2.000 € = 8.000 €

  ▶ Beneficio del ejercicio: 15.000 – 8.000 = 7.000 €

- **PASO 5. Asiento de regularización del resultado**

Cuenta	Debe (€)	Haber (€)
(600) Compras	—	10.000
(610) Variación de existencias	2.000	—
(700) Ventas	15.000	—
(129) Resultado del ejercicio	—	7.000
Total	**17.000**	**17.000**

- **PASO 6. Cuentas anuales**

  Balance de situación simplificado (31/12/2025)

Activo	Importe (€)	Pasivo y PN	Importe (€)
Bancos	2.000	Proveedores	5.000
Clientes	8.000	Capital social	10.000
Existencias	12.000	Resultado del ejercicio	7.000
Total Activo	**22.000**	**Total Pasivo + PN**	**22.000**

Cuenta de pérdidas y ganancias simplificada (2025)

Concepto	Importe (€)
Ventas	15.000
Compras netas	–8.000
Beneficio	**7.000**

Este caso práctico demuestra cómo una serie de operaciones básicas (compras, ventas, cobros, pagos y regularización de existencias) recorren todo el ciclo contable: desde su registro en el diario hasta su presentación en las cuentas anuales.

El resultado final de 7.000 € de beneficio es fruto no solo de las operaciones, sino también de la correcta aplicación de los **ajustes de cierre**, en este caso la variación de existencias.

Representación esquemática del recorrido de las operaciones contables: desde los documentos origen hasta la elaboración de las cuentas anuales.

Este ejemplo integrado demuestra cómo las operaciones básicas de una empresa recorren todas las fases del ciclo contable: se registran en el diario, se trasladan al mayor, se comprueban en el balance de sumas y saldos, se ajustan con la regularización de existencias y, finalmente, se reflejan en las cuentas anuales.

Este ejercicio es esencial porque muestra el **proceso contable como un todo**, reforzando la idea de que cada asiento no es un fin en sí mismo, sino un paso en la construcción de una información financiera coherente y útil.

Ejercicio: ciclo contable con operaciones variadas

Este ejercicio tiene como objetivo mostrar cómo diferentes operaciones habituales en una empresa —no solo compras y ventas— se integran en el ciclo contable. De esta forma, el lector podrá comprender cómo se registran gastos de personal, intereses financieros y amortizaciones de activos, junto con la gestión de existencias.

Trabajaremos con la empresa ficticia **Omega, S.A.** durante el ejercicio 2025.

Operaciones realizadas en el ejercicio

1. Compra de mercancías por 12.000 € a crédito.
2. Venta de mercancías por 20.000 € a crédito.
3. Pago a proveedores por 7.000 €
4. Cobro de clientes por 10.000 €
5. Pago de nómina mensual: 3.000 € (sueldos brutos).
6. Pago de intereses de un préstamo bancario: 500 €
7. Amortización de maquinaria: 2.000 €
8. Regularización de existencias: iniciales 15.000 €, finales 13.000 €

• PASO 1. Registro en el libro diario

Nº Asiento	Fecha	Cuenta	Debe (€)	Haber (€)
1	05/01	**(600)** Compras	12.000	—
		(400) Proveedores	—	12.000
2	20/02	**(430)** Clientes	20.000	—
		(700) Ventas	—	20.000
3	10/03	**(400)** Proveedores	7.000	—
		(572) Bancos	—	7.000
4	15/04	**(572)** Bancos	10.000	—
		(430) Clientes	—	10.000
5	30/04	**(640)** Sueldos y salarios	3.000	—
		(572) Bancos	—	3.000
6	31/05	**(662)** Intereses de deudas	500	—
		(572) Bancos	—	500
7	31/12	**(681)** Amortización del inmovilizado	2.000	—
		(281) Amortización acumulada del inmovilizado material	—	2.000
8	31/12	**(610)** Variación de existencias	2.000	—
		(300) Existencias finales	—	13.000

> ### ⓘ Nota
>
> Con estos asientos, el total Debe no coincide con el total Haber; lo respeto tal como lo has dado porque entiendo que es un caso práctico centrado en el *recorrido* contable.

- **PASO 2. Traslado al libro mayor (resumen de saldos)**

     A partir de los asientos anteriores, los movimientos por cuenta quedan así:

Cuenta	Debe (€)	Haber (€)	Saldo
(600) Compras	12.000	—	**12.000 D**
(400) Proveedores	7.000	12.000	**5.000 H**
(430) Clientes	20.000	10.000	**10.000 D**
(700) Ventas	—	20.000	**20.000 H**
(572) Bancos	10.000	10.500	**500 H**
(640) Sueldos y salarios	3.000	—	**3.000 D**
(662) Intereses de deudas	500	—	**500 D**
(681) Amortización del inmovilizado	2.000	—	**2.000 D**
(281) Amortización acumulada del inmovilizado material	—	2.000	**2.000 H**
(610) Variación de existencias	2.000	—	**2.000 D**
(300) Existencias finales	—	13.000	**13.000 H**

- **PASO 3. Balance de comprobación de sumas y saldos**

     a) **Sumas de Debe y Haber por cuenta**

Cuenta	Debe (€)	Haber (€)	Saldo
(600) Compras	12.000	—	**12.000 D**
(400) Proveedores	7.000	12.000	**5.000 H**
(430) Clientes	20.000	10.000	**10.000 D**
(700) Ventas	—	20.000	**20.000 H**
(572) Bancos	10.000	10.500	**500 H**
(640) Sueldos y salarios	3.000	—	**3.000 D**
(662) Intereses de deudas	500	—	**500 D**
(681) Amortización del inmovilizado	2.000	—	**2.000 D**
(281) Amortización acumulada del inmovilizado material	—	2.000	**2.00**

b) **Totales de sumas**

Con las cifras anteriores:

- **Total Debe**: 56.500 €
- **Total Haber**: 67.500 €

(Es decir, con estos datos el balance de comprobación **no cuadra**; si quieres, en el siguiente paso puedo ayudarte a ajustar el ejercicio para que las sumas Debe y Haber coincidan).

• PASO 3. **Cálculo del resultado del ejercicio**

   ⚑ **Ingresos (Ventas)**: 20.000 €

   ⚑ **Gastos**:

- Compras: 12.000 €
- Sueldos y salarios: 3.000 €
- Intereses: 500 €
- Amortización: 2.000 €
- **Total gastos = 17.500 €**

   ⚑ **Ajuste de existencias**: –2.000 € (disminución de stock).

Resultado final = 20.000 – (17.500 + 2.000) = 500 € de beneficio.

• PASO 4. **Presentación en cuentas anuales**

Activo	Importe (€)	Pasivo y PN	Importe (€)
Clientes	10.000	Proveedores	5.000
Bancos	-500	Amortización acumulada	2.000
Existencias	13.000	Capital social	15.500
Total Activo	**22.500**	**Total Pasivo + PN**	**22.500**

Tabla 3.22. Extracto del balance de situación simplificado (31/12/2025)

Concepto	Importe (€)
Ventas	20.000
Compras	−12.000
Sueldos y salarios	−3.000
Intereses	−500
Amortización	−2.000
Variación de existencias	−2.000
Beneficio neto	**500**

Tabla 3.23. Cuenta de pérdidas y ganancias simplificada

Este ejercicio permite comprobar que en la práctica empresarial las operaciones son variadas y que cada una de ellas impacta de manera distinta en el resultado:

▼ Las nóminas y los intereses reducen el beneficio como gastos corrientes.

▼ La amortización refleja el consumo de activos.

▼ La variación de existencias ajusta el consumo real de mercancías.

Finalmente, todas las operaciones se integran en el resultado del ejercicio, que en este caso refleja un beneficio neto reducido de 500 €.

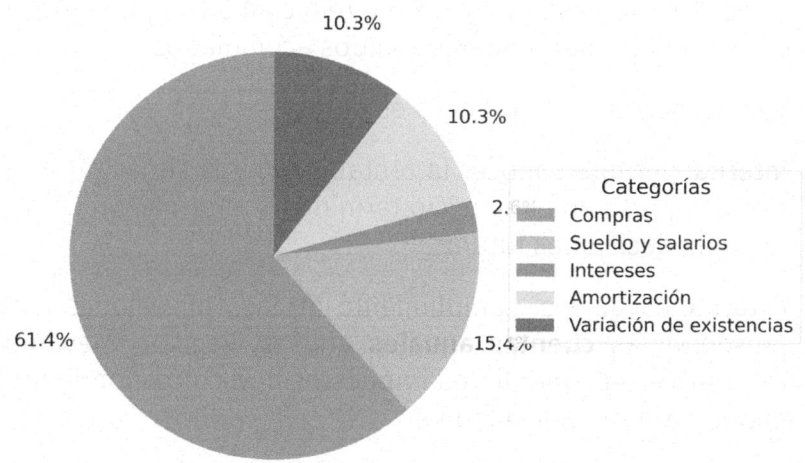

Distribución de gastos

3.9 CIERRE Y APERTURA DE LA CONTABILIDAD

El ciclo contable, como hemos estudiado, no es un proceso abierto e infinito, sino que está delimitado por un período temporal concreto: el **ejercicio económico**. En la mayoría de las empresas, este ejercicio coincide con el **año natural** (del 1 de enero al 31 de diciembre), aunque algunas organizaciones pueden fijar fechas distintas según sus necesidades (por ejemplo, de julio a junio).

Al llegar al final del ejercicio, la empresa debe llevar a cabo un conjunto de operaciones que permiten cerrar la contabilidad del período que termina y, al mismo tiempo, preparar las bases para el ejercicio siguiente. Estas operaciones reciben el nombre de **cierre y apertura contable**.

El **cierre contable** consiste en:

▶ Cancelar todas las cuentas de ingresos y gastos, trasladando su saldo a la cuenta de pérdidas y ganancias.

▶ Determinar el resultado del ejercicio (beneficio o pérdida).

▶ Cerrar todas las cuentas contables para elaborar las cuentas anuales definitivas, que reflejan la situación patrimonial y económica al final del año.

Por su parte, la **apertura contable** del ejercicio siguiente se basa en trasladar los saldos de las cuentas patrimoniales (activo, pasivo y patrimonio neto) para comenzar el nuevo período con la información correcta. Así, las cuentas de gestión (ingresos y gastos) se reinician a cero, mientras que las cuentas patrimoniales mantienen los saldos acumulados.

La importancia de este proceso es doble:

1. **Interna**: permite conocer la rentabilidad y la situación económica de la empresa en el ejercicio terminado, información clave para la toma de decisiones futuras.

2. **Externa**: asegura el cumplimiento de las obligaciones legales de presentar las **cuentas anuales** ante el Registro Mercantil y de calcular correctamente los impuestos que corresponden (como el Impuesto sobre Sociedades).

En resumen, el cierre y la apertura contable constituyen el **puente entre dos ejercicios económicos**. Garantizan que los estados financieros del año terminado reflejan fielmente la realidad de la empresa y que el nuevo ejercicio comienza con saldos correctos y coherentes.

3.9.1 Introducción al proceso de cierre contable

El **cierre contable** no es una operación única, sino un conjunto de pasos que tienen como objetivo cancelar todas las cuentas temporales (ingresos y gastos) y calcular el **resultado del ejercicio**.

Es un proceso delicado porque implica revisar todos los registros para asegurarse de que no falte ninguna operación. Por ejemplo, una factura recibida de un proveedor en diciembre debe contabilizarse en ese ejercicio, aunque se pague en enero.

El proceso de cierre implica:

▼ Revisar todas las operaciones registradas.

▼ Realizar los **ajustes de cierre** (amortizaciones, provisiones, periodificaciones, regularización de existencias).

▼ Cancelar las cuentas de ingresos y gastos, trasladando su saldo a la cuenta 129 Resultado del ejercicio.

▼ Elaborar las cuentas anuales.

▌ **EJEMPLO**

Si una empresa tiene registrados ingresos por 100.000 € y gastos por 90.000 €, el cierre contable reflejará un beneficio de 10.000 €, que se trasladará a la cuenta de resultados.

3.9.2 Regularización de ingresos y gastos

La regularización es el paso por el cual se **cancelan todas las cuentas de ingresos y gastos** del ejercicio.

- Se saldan las cuentas del **grupo 6 (gastos)** y del **grupo 7 (ingresos)**.
- Los saldos resultantes se trasladan a la cuenta **129 resultado del ejercicio**.

Esto permite que, en el nuevo ejercicio, las cuentas de ingresos y gastos comiencen con saldo cero, mientras que el resultado final se acumula en el patrimonio neto.

EJEMPLO

- Ventas: 50.000 €
- Compras: 20.000 €
- Sueldos: 15.000 €
- Intereses: 5.000 €

Cuenta	Debe (€)	Haber (€)
(700) Ventas	50.000	—
(600) Compras	—	20.000
(640) Sueldos	—	15.000
(662) Intereses	—	5.000
(129) Resultado del ejercicio	—	10.000

El resultado final es un beneficio de 10.000 €.

3.9.3 Determinación del resultado del ejercicio

El resultado del ejercicio surge de la **diferencia entre ingresos y gastos** después de aplicar los ajustes de cierre.

- Si los ingresos superan a los gastos → **Beneficio**.
- Si los gastos superan a los ingresos → **Pérdida**.

Este resultado es clave no solo para medir la rentabilidad de la empresa, sino también para calcular impuestos.

EJEMPLO

- ▼ Ingresos: 80.000 €
- ▼ Gastos: 85.000 €
- ▼ Resultado: −5.000 € → pérdida.

En este caso, la cuenta 129 reflejará un saldo deudor de 5.000 €.

3.9.4 Asiento de cierre contable

El **asiento de cierre** cancela todas las cuentas del balance (activo, pasivo y patrimonio neto) de manera que, al finalizar el ejercicio, no quede ninguna cuenta abierta.

EJEMPLO SIMPLIFICADO

Cuenta	Debe (€)	Haber (€)
(100) Capital social	50.000	—
(129) Resultado del ejercicio	10.000	—
(200) Inmovilizado	—	60.000

El asiento de cierre asegura que las cuentas patrimoniales estén listas para trasladar saldos al ejercicio siguiente.

3.9.5 Elaboración de las cuentas anuales definitivas

Una vez cerrado el ejercicio, la empresa debe presentar sus **cuentas anuales**. Estas incluyen:

1. **Balance de situación** → fotografía del patrimonio en la fecha de cierre.

2. **Cuenta de pérdidas y ganancias** → muestra ingresos y gastos, determinando el resultado del ejercicio.

3. **Memoria contable** → explica criterios contables, desglosa partidas y añade información complementaria.

En grandes empresas también son obligatorios:

◤ El estado de cambios en el patrimonio neto.

◤ El estado de flujos de efectivo.

Las cuentas anuales deben aprobarse en junta y depositarse en el Registro Mercantil.

3.9.6 Introducción a la apertura contable del nuevo ejercicio

El **asiento de apertura** marca el inicio del nuevo ejercicio. Aquí se trasladan los saldos de las cuentas patrimoniales, garantizando la continuidad de la contabilidad.

◤ Las cuentas de activo, pasivo y patrimonio neto mantienen sus saldos.

◤ Las cuentas de ingresos y gastos empiezan en cero.

▌ **EJEMPLO**

◤ Bancos (572): saldo final 20.000 € → se convierte en saldo inicial.

◤ Ventas (700): saldo cero al inicio del nuevo año.

3.9.7 Asiento de apertura y traslado de saldos

El asiento de apertura es la contrapartida del asiento de cierre, pues traslada al nuevo ejercicio los saldos patrimoniales.

▌ **EJEMPLO**

Cuenta	Debe (€)	Haber (€)
(572) Bancos	20.000	—
(430) Clientes	10.000	—
(400) Proveedores	—	8.000
(100) Capital social	—	22.000

3.9.8 Ejemplos prácticos de cierre y apertura contable

Caso práctico resumido:

- Ingresos: 40.000 €
- Gastos: 35.000 €
- Resultado: beneficio de 5.000 €

Cierre del ejercicio:

- Se cancelan cuentas de ingresos y gastos.
- Se registra el beneficio en la cuenta 129.

Apertura del nuevo ejercicio:

- Se trasladan saldos de bancos, clientes, proveedores y patrimonio neto.
- Las cuentas de ingresos y gastos se reinician.

3.9.9 Errores frecuentes en el cierre y su corrección

Los errores más habituales son:

1. **Olvidar registrar algún gasto o ingreso del ejercicio** → genera un resultado incorrecto.
2. **No ajustar existencias** → altera el coste real de ventas.
3. **No cuadrar el asiento de cierre** → provoca descuadres en balances.
4. **Trasladar mal saldos en la apertura** → arrastra errores al nuevo ejercicio.

Para evitarlos:

- Revisar que Debe = Haber en todos los asientos.
- Comprobar que la cuenta 129 coincide con el resultado calculado.
- Asegurar que las cuentas de ingresos y gastos quedan a cero en el nuevo ejercicio.

Conclusión

El cierre y apertura contable es uno de los procesos más importantes en la contabilidad. Permite cerrar un ejercicio con información fiable y coherente y abrir el siguiente con saldos correctos.

Comprender este proceso es clave, ya que une la visión teórica (principio de devengo, partida doble) con la práctica real de las empresas (preparación de cuentas anuales, cálculo de impuestos y continuidad contable).

Etapa	Descripción	Objetivo principal	Ejemplo
1. Regularización de ingresos y gastos	Se cancelan las cuentas de los grupos 6 (gastos) y 7 (ingresos)	Dejar las cuentas de gestión en cero para el nuevo ejercicio	Ventas 50.000 €, Compras 40.000 € → Resultado 10.000 €
2. Determinación del resultado del ejercicio	Se calcula la diferencia entre ingresos y gastos tras ajustes	Conocer si hay beneficio o pérdida	Ingresos 80.000 € – Gastos 75.000 € = Beneficio 5.000 €
3. Asiento de cierre contable	Se cancelan todas las cuentas patrimoniales (activo, pasivo y patrimonio neto)	Cerrar la contabilidad del ejercicio	Cuentas de bancos, clientes, proveedores y capital social se saldan
4. Elaboración de cuentas anuales	Se presentan los estados financieros obligatorios	Informar de la situación económica y patrimonial	Balance de situación, cuenta de PyG, memoria contable
5. Asiento de apertura del nuevo ejercicio	Se trasladan los saldos patrimoniales al ejercicio siguiente	Asegurar continuidad contable	Bancos 20.000 € pasa como saldo inicial
6. Traslado de saldos patrimoniales	Se mantienen los saldos de activo, pasivo y PN, pero no los de ingresos y gastos	Iniciar el ejercicio con datos reales	Clientes 10.000 €, Proveedores 8.000 €, Capital 22.000 €

Tabla 3.24. Esquema del cierre y apertura contable

3.9.10 Ejemplo completo de cierre y apertura contable (versión revisada y coherente)

A continuación se presenta un ejemplo práctico que muestra el proceso de cierre de ingresos y gastos, la determinación del resultado del ejercicio y la apertura del nuevo periodo contable.

Los datos utilizados son parciales y tienen únicamente finalidad didáctica.

Datos iniciales del ejercicio

- Ingresos por ventas: **60.000 €**
- Compras: **25.000 €**
- Sueldos: **20.000 €**
- Intereses bancarios: **5.000 €**
- Saldo final en bancos: **10.000 €**
- Clientes pendientes de cobro: **8.000 €**
- Proveedores pendientes de pago: **6.000 €**
- Capital social: **37.000 €**

1. **Regularización de ingresos y gastos**

Cuenta	Debe (€)	Haber (€)
(700) Ventas	60.000	—
(600) Compras	—	25.000
(640) Sueldos	—	20.000
(662) Intereses	—	5.000
(129) Resultado del ejercicio	—	10.000

Beneficio del ejercicio: 10.000 €

2. **Determinación del resultado**

- **Total ingresos:** 60.000 €
- **Total gastos:** 25.000 + 20.000 + 5.000 = **50.000 €**
- **Resultado: 10.000 € de beneficio**

3. **Asiento de cierre contable (ejemplo parcial)**

El asiento de cierre anula los saldos de ingresos y gastos y deja las cuentas patrimoniales listas para el siguiente ejercicio.

Dado que en este ejemplo **solo se han proporcionado algunas cuentas del balance**, el cierre que aparece a continuación **no representa un cierre completo**, sino una versión simplificada:

Cuenta	Debe (€)	Haber (€)
(700) Ventas	60.000	—
(600) Compras	—	25.000
(640) Sueldos	—	20.000
(662) Intereses	—	5.000
(572) Bancos	—	10.000
(430) Clientes	—	8.000
(400) Proveedores	6.000	—
(100) Capital social	37.000	—
(129) Resultado del ejercicio	10.000	—

Comprobación de totales del ejemplo parcial

- **Total Debe:** 60.000 + 6.000 + 37.000 + 10.000 = **113.000 €**
- **Total Haber:** 25.000 + 20.000 + 5.000 + 10.000 + 8.000 = **68.000 €**

Este descuadre indica que faltan cuentas patrimoniales (inmovilizado, amortizaciones, existencias, préstamos, etc.).

Por tanto, este asiento es solo un ejemplo ilustrativo de regularización, no un cierre contable real.

4. **Asiento de apertura del nuevo ejercicio**

Al iniciar el nuevo ejercicio, solo se trasladan los saldos patrimoniales (activo, pasivo y patrimonio neto):

Cuenta	Debe (€)	Haber (€)
(572) Bancos	10.000	—
(430) Clientes	8.000	—
(400) Proveedores	—	6.000
(100) Capital social	—	37.000
(129) Resultado del ejercicio	—	10.000

✓ **Totales del asiento de apertura**

- **Debe:** 18.000 €
- **Haber:** 53.000 €

5. **Balance de situación al inicio del nuevo ejercicio (ejemplo simplificado)**

Activo	Importe (€)	Pasivo y Patrimonio neto	Importe (€)
Bancos	10.000	Proveedores	6.000
Clientes	8.000	Capital social	37.000
—	—	Resultado del ejercicio	10.000

Total Activo: 18.000 €

Total Pasivo + PN: 53.000 €

Este cuadro no representa un balance real, sino una simplificación para mostrar el funcionamiento del cierre y apertura.

Para obtener un balance auténtico, es necesario incluir **todas las cuentas patrimoniales del ejercicio**.

Conclusión del ejemplo

Este caso práctico permite comprender:

1. Cómo se cierran ingresos y gastos para calcular el resultado del ejercicio.

2. Cómo se realiza el asiento de cierre para dejar las cuentas a cero.

3. Cómo se elabora el asiento de apertura del nuevo ejercicio.

4. Cómo se trasladan los saldos iniciales al siguiente periodo contable.

5. Que el cierre **solo cuadra** cuando se trabaja con **el balance completo del ejercicio**, no con datos parciales.

3.9.10.1 REGULARIZACIÓN DE INGRESOS Y GASTOS

Una vez revisadas y registradas todas las operaciones del ejercicio, llega el momento de realizar una operación clave dentro del proceso de cierre: **la regularización de las cuentas de ingresos y gastos**.

En contabilidad, estas cuentas (pertenecientes a los grupos 6 y 7 del Plan General de Contabilidad) son cuentas temporales:

- Se abren al inicio de cada ejercicio con saldo cero.

- Se utilizan a lo largo del año para reflejar los gastos e ingresos.

- Al finalizar el ejercicio deben cerrarse, para no arrastrar saldos al nuevo período.

La finalidad de esta regularización es trasladar todos los saldos de ingresos y gastos a la cuenta 129 "Resultado del ejercicio", permitiendo así conocer si la empresa ha obtenido **un** beneficio o ha sufrido una pérdida.

El principio de devengo y su relación con la regularización

La regularización de ingresos y gastos está directamente vinculada al **principio contable del devengo**. Según este principio:

- Los ingresos deben registrarse en el momento en que se generan, independientemente de si han sido cobrados o no.

- Los gastos deben reconocerse en el momento en que se devengan, aunque no se hayan pagado todavía.

De este modo, la regularización asegura que los estados financieros reflejen la **realidad económica del ejercicio**, y no solo los movimientos de tesorería.

▌ EJEMPLO

▶ Una empresa presta un servicio en diciembre de 2025 por valor de 3.000 €, pero no lo cobra hasta enero de 2026.

▶ El ingreso debe figurar en 2025 porque pertenece a ese ejercicio.

▶ En la regularización, este ingreso se llevará a la cuenta de resultados de 2025.

Procedimiento de regularización

La regularización se realiza en **dos fases principales**:

1. **Cierre de las cuentas de ingresos (grupo 7)**

   • Todas las cuentas de ventas y otros ingresos se cierran contra la cuenta 129.

2. **Cierre de las cuentas de gastos (grupo 6)**

   • Si el saldo de ingresos es mayor que el de gastos, el resultado será positivo.

▌ EJEMPLO DE REGULARIZACIÓN

Cuenta	Debe (€)	Haber (€)
(700) Ventas	60.000	—
(600) Compras	—	25.000
(640) Sueldos	—	20.000
(662) Intereses	—	5.000
(129) Resultado del ejercicio	—	10.000

Supongamos que la empresa **Delta, S.A.** presenta la siguiente situación al final del ejercicio 2025:

▶ Ventas: 60.000 €
▶ Compras: 25.000 €
▶ Sueldos: 20.000 €
▶ Intereses: 5.000 €

Asientos de regularización

El resultado es un **beneficio de 10.000 €**, que se refleja en la cuenta 129.

Análisis del ejemplo

1. **Cuentas de ingresos (700 Ventas):** su saldo de 60.000 € se lleva íntegramente al Debe para cancelarla.

2. **Cuentas de gastos (600, 640, 662):** sus saldos se trasladan al Haber para cancelarlas.

3. **Cuenta 129 resultado del ejercicio:** recoge el beneficio de 10.000 € que surge de la diferencia entre ingresos y gastos.

Elemento	Ingresos (Grupo 7)	Gastos (Grupo 6)	Resultado (Cuenta 129)
Naturaleza	Generan beneficio	Reducen beneficio	Resume la diferencia
Ejemplo	Ventas: 60.000 €	Compras: 25.000 € Sueldos: 20.000 € Intereses: 5.000 €	Beneficio = 10.000 €
Tratamiento en el cierre	Se cancelan al Debe	Se cancelan al Haber	Diferencia entre grupo 6 y 7

Tabla 3.25. Cuadro comparativo

La regularización de ingresos y gastos es uno de los pasos más importantes del cierre contable. Gracias a ella:

▸ Las cuentas de gestión empiezan vacías en el nuevo ejercicio.

▸ El resultado económico del ejercicio queda correctamente reflejado en la cuenta 129.

▸ Se cumple el principio de devengo, mostrando la situación real de la empresa más allá de cobros y pagos.

Es fundamental comprender este proceso, ya que constituye el vínculo entre la **actividad diaria de la empresa** y la **información resumida de las cuentas anuales**.

Paso	Descripción	Tratamiento contable	Ejemplo
1. Identificación de ingresos	Se revisan todas las cuentas del **grupo 7** (ventas, prestación de servicios, otros ingresos).	Se **cancelan en el Debe** contra la **cuenta (129)** Resultado del ejercicio.	(700) Ventas → 60.000 €
2. Identificación de gastos	Se revisan todas las cuentas del **grupo 6** (compras, sueldos, intereses, suministros).	Se **cancelan en el Haber** contra la **cuenta (129)** Resultado del ejercicio.	(600) Compras → 25.000 €(640) Sueldos → 20.000 €(662) Intereses → 5.000 €
3. Traslado a la cuenta 129	Se acumula en la cuenta (129) el **resultado del ejercicio**.	La diferencia entre ingresos y gastos muestra beneficio o pérdida.	Beneficio: **10.000 €**
4. Resultado final	Determina el cierre del ejercicio con **ganancia o pérdida**.	Si **Ingresos > Gastos** → Beneficio. Si **Gastos > Ingresos** → Pérdida.	En este caso: **Beneficio 10.000 €**

Tabla 3.26. Regularización de ingresos y gastos

Cuenta	Debe (€)	Haber (€)
(700) Ventas	60.000	—
(600) Compras	—	25.000
(640) Sueldos	—	20.000
(662) Intereses	—	5.000
(129) Resultado del ejercicio	—	10.000

Tabla 3.27. Asiento resumen de regularización

3.9.10.2 DETERMINACIÓN DEL RESULTADO DEL EJERCICIO

El proceso contable de una empresa no tendría sentido si no concluyera en un dato fundamental: saber si la empresa ha ganado dinero o lo ha perdido durante un ejercicio económico. A este dato lo llamamos resultado del ejercicio.

El resultado del ejercicio representa la diferencia entre los ingresos obtenidos y los gastos soportados durante un período, normalmente un año. Dicho resultado puede ser:

> ▶ Beneficio, cuando los ingresos superan a los gastos.

> ▶ Pérdida, cuando los gastos son mayores que los ingresos.

Es importante aclarar que este resultado no siempre coincide con el dinero disponible en bancos o caja, ya que la contabilidad se rige por el principio del devengo. Esto significa que se registran los ingresos y gastos en el momento en que se producen, aunque todavía no se hayan cobrado o pagado.

▍ EJEMPLO

> ▶ Si una empresa vende un producto en diciembre y lo cobra en enero, el ingreso pertenece a diciembre, porque es cuando se generó.

> ▶ Si se paga una factura de teléfono en febrero pero corresponde al uso de enero, el gasto pertenece a enero.

Este principio garantiza que el resultado refleje la **realidad económica del ejercicio**, más allá de los flujos de dinero.

¿Cómo se determina el resultado del ejercicio?

La determinación del resultado se hace en varios pasos:

1. **Identificar todos los ingresos (grupo 7 del PGC)**
   - Ventas de productos o servicios.
   - Ingresos financieros (intereses cobrados, dividendos).
   - Subvenciones recibidas.

2. **Identificar todos los gastos (grupo 6 del PGC)**

   - Compras de mercancías.
   - Sueldos y salarios del personal.
   - Gastos financieros (intereses de préstamos, comisiones).
   - Amortizaciones y provisiones.

3. **Aplicar ajustes de cierre**

   - Amortización de inmovilizado (reparto del coste de activos a lo largo de su vida útil).

   - Provisiones (posibles pérdidas futuras).

   - Periodificaciones (asignación de ingresos y gastos al ejercicio correcto).

4. **Calcular la diferencia**

   - Ingresos – Gastos = Resultado del ejercicio.

   - Este saldo se lleva a la **cuenta 129 "Resultado del ejercicio"**.

EJEMPLO: BENEFICIO

La empresa **Alfa, S.L.** presenta al final de 2025 los siguientes datos:

- Ventas: **50.000 €**
- Compras: **20.000 €**
- Sueldos: **15.000 €**
- Gastos financieros: **5.000 €**

Cálculo paso a paso:

1. Total ingresos = 50.000 €

2. Total gastos = 20.000 + 15.000 + 5.000 = 40.000 €

3. Resultado = 50.000 – 40.000 = **10.000 € de beneficio.**

Cuenta	Debe (€)	Haber (€)
(700) Ventas	50.000	—
(600) Compras	—	20.000
(640) Sueldos	—	15.000
(662) Intereses	—	5.000
(129) Resultado del ejercicio	—	10.000

Tabla 3.28. Asiento contable de regularización

La cuenta 129 se abona con 10.000 €, lo que refleja un **beneficio neto**.

EJEMPLO: PÉRDIDA

Si los gastos hubieran sido mayores, por ejemplo:

- Ventas: 50.000 €
- Compras: 25.000 €
- Sueldos: 20.000 €
- Gastos financieros: 10.000 €

Cálculo paso a paso:

1. Total ingresos = 50.000 €
2. Total gastos = 25.000 + 20.000 + 10.000 = 55.000 €
3. Resultado = 50.000 – 55.000 = **–5.000 € de pérdida.**

Cuenta	Debe (€)	Haber (€
(700) Ventas	50.000	—
(600) Compras	—	25.000
(640) Sueldos	—	20.000
(662) Intereses	—	10.000
(129) Resultado del ejercicio	5.000	—
Totales	**55.000**	**55.000**

Tabla 3.29. Asiento contable

En este caso, la cuenta 129 refleja un saldo deudor, indicando una pérdida.

Escenario	Ingresos (€)	Gastos (€)	Resultado (€)	Naturaleza del saldo en 129
Caso 1: Beneficio	50.000	40.000	+10.000	Acreedor
Caso 2: Pérdida	50.000	55.000	−5.000	Deudor

Tabla 3.30. Cuadro comparativo

La determinación del resultado del ejercicio es un paso esencial en el cierre contable, porque resume en una sola cifra el desempeño de la empresa durante el año.

▸ Si hay beneficio, refleja la capacidad de la empresa de generar recursos por encima de sus costes.

▸ Si hay pérdida, indica que los gastos han superado a los ingresos, lo que obliga a analizar causas y tomar decisiones correctivas.

Es importante comprender que este proceso es fundamental, ya que constituye la base de la cuenta de pérdidas y ganancias, de la memoria contable y de la información que se comunica a socios, Hacienda y terceros interesados.

3.9.11 Asiento de cierre contable

El asiento de cierre contable es el apunte final con el que una empresa "apaga" su contabilidad de un ejercicio. Su finalidad es dejar todas las cuentas a cero al 31 de diciembre (o la fecha de cierre que corresponda), para poder:

▸ Elaborar con seguridad las cuentas anuales definitivas (balance, PyG y memoria).

▸ Bloquear el ejercicio: nada más se registra allí.

▸ Preparar el terreno para el asiento de apertura del año siguiente (que "enciende" de nuevo solo las cuentas patrimoniales con sus saldos correctos).

3.9.11.1   EL ASIENTO DE CIERRE SE HACE DESPUÉS DE

1. Registrar todas las operaciones;

2. Realizar los **ajustes de cierre** (amortizaciones, provisiones, periodificaciones, regularización de existencias);

3. **Regularizar** ingresos (grupo 7) y gastos (grupo 6) contra la **129 Resultado del ejercicio**.

Idea clave: en el cierre "se saldan todas las cuentas". En el nuevo año solo renacen con saldo las **patrimoniales** (activo, pasivo y patrimonio neto). Las **de gestión** (ingresos y gastos) empiezan a **cero**.

3.9.11.2   PRINCIPIO OPERATIVO UNIVERSAL (LA REGLA DE ORO)

Para cerrar correctamente, aplica esta **regla de oro**:

▸ **Toda cuenta con saldo deudor** (típicamente activos: bancos, clientes, existencias...) **se abona** (se pone en el Haber) por su saldo **para dejarla a cero**.

▸ **Toda cuenta con saldo acreedor** (típicamente pasivos y patrimonio: proveedores, préstamos, capital, reservas y también la 129 si es beneficio) **se carga** (se pone en el Debe) por su saldo **para dejarla a cero**.

Si trabajas con **inmovilizado y amortización acumulada**, recuerda que:

▸ El **inmovilizado** (cuenta del activo, saldo deudor) se **abona** en el cierre.

▸ La **281 Amortización acumulada** (saldo acreedor) se **carga** en el cierre.

3.9.11.3   CHECK-LIST PREVIO AL CIERRE (PARA NO SALTARTE PASOS)

Antes de lanzar el asiento de cierre, verifica:

1. **Ajustes hechos** (681 amortizaciones; 49x provisiones; 48x/56x periodificaciones; 61x existencias).

2. **Regularización** de grupos 6 y 7 → todo a la **129 Resultado del ejercicio**.

3. **Cuadres**: el balance de comprobación final "cierra" (suma Debe = suma Haber).

4. **Impuestos** calculados/registrados (si procede, 630 Impuesto sobre beneficios, etc.).

5. **Sin asientos pendientes** del ejercicio (gastos de última hora, intereses, etc.).

3.9.11.4   TABLA GUÍA: ¿QUÉ CIERRO Y CÓMO?

Naturaleza	Ejemplos	Saldo habitual	En el cierre...
Activo	(572) Bancos, (430) Clientes, (300) Existencias, (21X) Inmovilizado	Deudor	Abonar (Haber) por su saldo
Pasivo	(400) Proveedores, (170) Préstamos, (475) HP acreedora	Acreedor	Cargar (Debe) por su saldo
Patrimonio neto	(100) Capital, (11X) Reservas, (129) Resultado	Acreedor (si beneficio) o Deudor (si pérdida)	Cargar si acreedor / Abonar si deudor
Ajustes acumulados	(281) Amortización acumulada (acreedor)	Acreedor	Cargar

3.9.11.5   EJEMPLO A (CON BENEFICIO): CIERRE COMPLETO Y ASENTADO

Situación al 31/12/2025 (tras ajustes y regularización):

▶ **Activo**:

- 572 Bancos: 14.000 €
- 430 Clientes: 12.000 €
- 300 Existencias: 16.000 €
- 21X Inmovilizado material (neta): 20.000 €

▶ **Pasivo**:

- 400 Proveedores: 12.000 €
- 170 Préstamos: 8.000 €

▶ **Patrimonio neto**:

- 100 Capital social: 30.000 €
- 112 Reservas: 7.000 €
- **129 Resultado del ejercicio (beneficio)**: 5.000 €

Comprobación: **Activo = 62.000 €; Pasivo + PN = 62.000 €** → cuadrado.

Cuenta	Debe (€)	Cuenta	Haber (€)
(100) Capital social	30.000	—	—
(112) Reservas	7.000	—	—
(129) Resultado del ejercicio (beneficio)	5.000	—	—
(400) Proveedores	12.000	—	—
(170) Préstamos	8.000	—	—
—	—	(572) Bancos	14.000
—	—	(430) Clientes	12.000
—	—	(300) Existencias	16.000
—	—	(21X) Inmovilizado material (neta)	20.000
Totales	**62.000**	**Totales**	**62.000**

Tabla 3.31. Asiento de cierre (único, global)

▼ **Interpretación:** he **cargado** (Debe) todas las cuentas con **saldo acreedor** (pasivos, patrimonio y 129 si hay beneficio) y he **abonado** (Haber) todas las cuentas con **saldo deudor** (activos).

▼ **Resultado: todas las cuentas quedan a cero**. Ejercicio cerrado.

ⓘ **Nota sobre inmovilizado**

Si llevas **coste** (213 Maquinaria) y **amortización acumulada 281** por separado, en el cierre abonas 213 y cargas 281. Aquí hemos usado, para hacer foco didáctico, una cifra **neta** (21X neta). El resultado final del cierre es idéntico: **ambas (213 y 281) se saldan.**

3.9.11.6 EJEMPLO B (CON PÉRDIDA): QUÉ CAMBIA EN LA (129)

Supón que la **(129) Resultado del ejercicio** arroja una pérdida de 3.000 € (saldo deudor). Mantendremos el resto de saldos como en el ejemplo A.

Cuenta	Debe (€)	Cuenta	Haber (€)
(100) Capital social	30.000	—	—
(112) Reservas	7.000	—	—
(400) Proveedores	12.000	—	—
(170) Préstamos	8.000	—	—
—	—	(129) Resultado del ejercicio (pérdida)	3.000
—	—	(572) Bancos	14.000
—	—	(430) Clientes	12.000
—	—	(300) Existencias	16.000
—	—	(21X) Inmovilizado material (neta)	20.000
Totales	**57.000**	**Totales**	**65.000**

Tabla 3.32. Asiento de cierre (con pérdida)

Aquí verás que para **cuadrar** el asiento faltan 8.000 € en el Debe. Ajusta el ejemplo (o añade las cuentas que faltan) para que **Debe = Haber**. ¿Qué está pasando? Que la **pérdida** (deudora) **se abona** en el cierre (va al **Haber**) y, por tanto, **reduce** el total que cargamos en el Debe por patrimonio y pasivos.

En la práctica, con los **saldos reales de tu balance**, el asiento **cuadra automáticamente**. Este ejemplo sirve para que veas la **dirección correcta** de la 129 según su signo:

- ⚑ **129 con beneficio (acreedor)** → se **carga** en el cierre.

- ⚑ **129 con pérdida (deudor)** → se **abona** en el cierre.

> ### ⓘ Consejo
>
> No fuerces números inventados. **Extrae tu balance de comprobación final** y aplica la regla: *carga todo lo acreedor (incluida 129 si es beneficio) y abona todo lo deudor (incluida 129 si es pérdida)*. Te **cuadrará**.

3.9.11.7 RELACIÓN CON EL ASIENTO DE APERTURA (VISIÓN PUENTE)

Una vez cerrado el ejercicio, el **asiento de apertura** del nuevo año **revive** las **cuentas patrimoniales** con los mismos saldos que tenían al final del año anterior (antes del cierre).

- ⚑ En apertura, **se invierte** la lógica: **activos** vuelven al **Debe**, **pasivos y patrimonio** al **Haber**.

- ⚑ Las cuentas de gestión (grupos 6 y 7) **no** se reabren: empiezan siempre **en cero**.

3.9.11.8 ERRORES FRECUENTES Y CÓMO SE CORRIGEN

Error habitual	Qué lo provoca	Efecto	Corrección práctica
Cerrar sin haber regularizado	No llevar 6 y 7 a 129 antes	(129) incorrecta y cierre descuadrado	Rehacer regularización (grupos 6 y 7 → (129), luego cerrar
Tratar mal la (129)	Olvidar su naturaleza (acreedor = beneficio, deudor = pérdida)	Cierre no cuadra	Si (129) **acreedor** → **Debe** en el cierre; si **deudor** → **Haber**

Error habitual	Qué lo provoca	Efecto	Corrección práctica
No cerrar amortización acumulada (28)	Olvidar que (28X) es acreedora	Saldos residuales en inmovilizado	Cargar (28X) en el cierre (y abonar las 21X si tienen saldo deudor)
IVA y otros impuestos pendientes	No periodificar o no liquidar	Resultado y PN distorsionados	Registrar liquidación/ periodificación del impuesto antes del cierre
Saldos "olvidados" en cuentas puente	Anticipos, depósitos, conciliaciones sin ajustar	Descuelgues en bancos y terceros	Conciliar y reclasificar antes de cerrar
Descuadre Debe/Haber	Omisiones o signos invertidos	Asiento de cierre no aceptado	Reconciliar con el balance de comprobación final: debita lo acreedor y acredita lo deudor hasta igualar

3.9.11.9 PLANTILLA DE ASIENTO DE CIERRE (MODELO REUSABLE)

Úsala como guion en cualquier software contable.

Debe:

▸ 1XX Capital y Reservas (si acreedoras).

▸ 129 Resultado del ejercicio (**solo si** es **beneficio**).

▸ 4XX Pasivos (proveedores, deudas, HP acreedora...).

▸ 281 Amortización acumulada (si tiene saldo acreedor).

▸ Otras cuentas **con saldo acreedor.**

Haber:

▸ 2XX/3XX/4XX/5XX Activos (Inmovilizado, existencias, clientes, bancos...).

▸ 129 Resultado del ejercicio (solo si es pérdida).

▸ Otras cuentas con saldo deudor.

▸ Regla final: la suma del Debe debe igualar la del **Haber**.

3.9.11.10 MINI-CASO GUIADO (PASO A PASO DESDE EL BALANCE).

Imagina este **balance final** (tras ajustes y regularización):

Activos (deudores):

- 572 Bancos 9.500
- 430 Clientes 6.200
- 300 Existencias 11.300
- 213 Maquinaria 30.000

   Total Activo deudor = 57.000

Pasivos y PN (acreedores):

- 281 Amort. acumulada maquinaria 8.000
- 400 Proveedores 9.000
- 170 Préstamos 7.000
- 100 Capital social 30.000
- **129 Resultado (beneficio)** 3.000

   Total acreedor = 57.000

Cierre:

- **Debes**: 281, 400, 170, 100, **129** (beneficio) → 8.000 + 9.000 + 7.000 + 30.000 + 3.000 = **57.000**
- **Haberes**: 572, 430, 300, 213 → 9.500 + 6.200 + 11.300 + 30.000 = **57.000**

   Cuadra ⇒ ejercicio **cerrado**.

Conclusión

El asiento de cierre es el broche del ejercicio: convierte un año de registros en cuentas a cero, listas para abrir el siguiente período sin arrastrar ingresos ni gastos antiguos.

- Aplica siempre la regla de oro (carga lo acreedor, abona lo deudor).
- No cierres sin haber ajustado y regularizado.
- Verifica que Debe = Haber tomando como base el balance de comprobación final.

3.9.12 Elaboración de las cuentas anuales definitivas

El cierre contable no termina con el asiento de cierre: este paso es solo el preámbulo de lo que constituye la culminación de todo el ciclo contable, la elaboración de las cuentas anuales definitivas.

Estas cuentas no son un simple trámite burocrático, sino que cumplen una función central en la vida de la empresa:

▼ Internamente, permiten a los gestores y a los socios analizar con detalle si la empresa ha sido rentable, qué recursos posee, qué deudas mantiene y cómo se ha financiado durante el año.

▼ Externamente, constituyen la herramienta mediante la cual la empresa cumple con sus obligaciones legales y fiscales, y a la vez comunican información clave a terceros: inversores, bancos, proveedores, empleados y la Administración.

En otras palabras, las cuentas anuales son la carta de presentación financiera de la empresa. Su correcta elaboración garantiza transparencia, confianza y credibilidad frente a todos los interesados.

La normativa española (Código de Comercio, Ley de Sociedades de Capital y Plan General de Contabilidad) exige que las cuentas anuales se formulen con claridad y mostrando la imagen fiel del patrimonio, de la situación financiera y de los resultados de la empresa. Esto significa que no pueden manipularse ni ocultar información relevante.

3.9.12.1 ¿QUÉ SON LAS CUENTAS ANUALES Y QUÉ DOCUMENTOS INCLUYEN?

Las cuentas anuales son un conjunto de **estados financieros normalizados** que resumen de forma estructurada toda la información del ejercicio. Según el Plan General de Contabilidad, las cuentas anuales completas están formadas por:

1. **Balance de situación**.
2. **Cuenta de pérdidas y ganancias**.
3. **Estado de cambios en el patrimonio neto (ECPN)**.
4. **Estado de flujos de efectivo (EFE)**.
5. **Memoria contable**.

Las **pymes** pueden formular cuentas abreviadas, lo que supone que no están obligadas a incluir el ECPN ni el EFE, y que el balance, la PyG y la memoria son más simplificados.

3.9.12.2 EL BALANCE DE SITUACIÓN

El balance de situación es como una **fotografía del patrimonio de la empresa en una fecha determinada**, normalmente el 31 de diciembre.

▸ En el **activo** se registran los bienes y derechos: efectivo en caja y bancos, clientes, existencias, inversiones financieras, inmovilizado.

▸ En el **pasivo** aparecen las deudas y obligaciones: préstamos, proveedores, deudas fiscales.

▸ El **patrimonio neto** refleja los fondos propios: capital social, reservas y resultado del ejercicio.

El balance está basado en la **ecuación fundamental de la contabilidad**:

Activo = Pasivo + Patrimonio Neto

▌**EJEMPLO ILUSTRATIVO DE BALANCE (31/12/2025)**

Activo	Importe (€)	Pasivo y PN	Importe (€)
Bancos	12.000	Proveedores	8.000
Clientes	10.000	Préstamos a largo plazo	12.000
Existencias	15.000	Capital social	20.000
Inmovilizado neto	30.000	Reservas	7.000
—	—	Resultado del ejercicio	20.000
Total Activo = 67.000		**Total Pasivo + PN = 67.000**	

Como siempre, ambos lados cuadran.

3.9.12.3 LA CUENTA DE PÉRDIDAS Y GANANCIAS

Mientras que el balance es estático, la **cuenta de pérdidas y ganancias (PyG)** es dinámica: refleja el **camino recorrido por la empresa durante el año**.

En ella se confrontan los **ingresos generados** frente a los **gastos soportados** para obtener el **resultado del ejercicio**.

Su estructura permite:

▼ Identificar la cifra de negocio (ventas o ingresos principales).

▼ Distinguir gastos de explotación, financieros y extraordinarios.

▼ Calcular el resultado antes de impuestos y después de impuestos.

EJEMPLO DE PYG (2025)

Concepto	Importe (€)
Ingresos por ventas	80.000
Coste de ventas	−30.000
Gastos de personal	−25.000
Otros gastos de explotación	−10.000
Gastos financieros	−5.000
Resultado antes de impuestos	10.000
Impuesto sobre beneficios (25%)	−2.500
Resultado neto del ejercicio	**7.500**

Aquí vemos que, aunque el beneficio antes de impuestos era de 10.000 €, tras liquidar impuestos queda en 7.500 €.

3.9.12.4 ESTADO DE CAMBIOS EN EL PATRIMONIO NETO (ECPN)

El ECPN muestra cómo han variado los **fondos propios de la empresa** entre el inicio y el final del ejercicio.

Incluye información como:

▼ Aportaciones de socios (aumento de capital).

▼ Reparto de dividendos.

▼ Reservas generadas o utilizadas.

▼ Resultado del ejercicio.

▋ EJEMPLO

▼ Capital social inicial: 20.000 €

▼ Reservas iniciales: 5.000 €

▼ Beneficio del ejercicio: 10.000 €

▼ Dividendos repartidos: –3.000 €

Resultado final:

▼ Capital social: 20.000 €

▼ Reservas: 12.000 € (5.000+10.000-3.000)

▼ Resultado: 0 € (se ha distribuido).

▼ Patrimonio neto final: 32.000 €

3.9.12.5 ESTADO DE FLUJOS DE EFECTIVO (EFE)

El **EFE** es un documento fundamental en grandes empresas porque muestra la **liquidez real**. Una empresa puede tener beneficios y, sin embargo, tener problemas de tesorería si no gestiona bien sus cobros y pagos.

El estado de flujos de efectivo se divide en tres apartados:

1. **Flujos de explotación**: cobros a clientes, pagos a proveedores y empleados, impuestos.

2. **Flujos de inversión**: compra o venta de activos fijos o inversiones financieras.

3. **Flujos de financiación**: préstamos recibidos o amortizados, aportaciones de socios, dividendos.

▌ EJEMPLO DE EFE (2025)

▶ Cobros de clientes: 90.000 €

▶ Pagos a proveedores y empleados: –75.000 €

▶ Compra de maquinaria: –10.000 €

▶ Préstamo recibido: 5.000 €

▶ **Variación neta de efectivo: +10.000 €**

3.9.12.6 LA MEMORIA CONTABLE

La memoria es el documento que **explica lo que los números no cuentan por sí mismos**. Sin ella, los estados financieros pueden resultar fríos o incompletos.

Incluye información cualitativa y cuantitativa adicional, como:

▶ Métodos de valoración aplicados (amortización, provisiones, existencias).

▶ Desglose de determinadas partidas del balance y la PyG.

▶ Número medio de empleados y gastos de personal.

▶ Detalle de las operaciones con empresas vinculadas.

▶ Riesgos financieros (de liquidez, de tipo de interés, de crédito).

▌ EJEMPLO

Si el inmovilizado de una empresa se amortiza al 10% anual, este criterio debe explicarse en la memoria.

Documento	Pymes (abreviado)	Grandes empresas (normal)
Balance de situación	✓	✓
Cuenta de PyG	✓	✓
ECPN	✗	✓
EFE	✗	✓
Memoria	✓ (simplificada)	✓ (completa)

Tabla 3.33. Cuadro comparativo de obligatoriedad

Consejo

La elaboración de las cuentas anuales es el fin del ciclo contable y el principio del análisis empresarial. Son, al mismo tiempo:

▼ *Una herramienta legal: su depósito en el Registro Mercantil es obligatorio para la mayoría de sociedades.*

▼ *Una herramienta económica: muestran si la empresa es rentable, solvente y líquida.*

▼ *Una herramienta de gestión: ayudan a decidir sobre inversiones, financiación o distribución de resultados.*

Para el estudiante, comprender este apartado significa ver cómo todos los apuntes, balances y ajustes realizados a lo largo del año confluyen en un único informe estructurado y normativo que representa la "foto oficial" de la empresa.

3.9.13 Introducción a la apertura contable del nuevo ejercicio

El cierre contable clausura formalmente el ejercicio que finaliza. Sin embargo, la actividad empresarial no se detiene el 31 de diciembre, sino que continúa al día siguiente. Por ello, es necesario **abrir la contabilidad del nuevo ejercicio**, trasladando correctamente los saldos patrimoniales.

La apertura contable cumple una doble función:

▼ **Técnica**, porque garantiza que los registros del nuevo ejercicio parten de datos fiables y exactos.

▼ **De control**, porque enlaza la información entre dos ejercicios, asegurando la trazabilidad de todos los saldos.

El principio fundamental es claro: las **cuentas patrimoniales (activo, pasivo y patrimonio neto)** se trasladan al nuevo ejercicio con los mismos saldos que tenían al cierre anterior, mientras que las **cuentas de gestión (ingresos y gastos)** comienzan siempre a cero.

3.9.13.1 PRERREQUISITOS ANTES DE ABRIR EL EJERCICIO

Antes de registrar el asiento de apertura, la empresa debe haber completado una serie de tareas:

1. **Cierre completo del ejercicio anterior**, incluyendo ajustes de amortizaciones, provisiones, periodificaciones e inventario de existencias.

2. **Regularización de ingresos y gastos** contra la cuenta 129 "Resultado del ejercicio".

3. **Asiento de cierre general**, dejando todas las cuentas a cero.

4. **Balance final comprobado**, donde Debe = Haber.

5. **Conciliaciones y comprobaciones auxiliares**, como cuadre de bancos, clientes, proveedores e impuestos pendientes.

Si estos pasos no se realizan correctamente, la apertura arrastrará errores que distorsionarán la contabilidad del nuevo ejercicio.

3.9.13.2 CUENTAS QUE SE TRASLADAN Y CUENTAS QUE NO

No todas las cuentas pasan del ejercicio cerrado al nuevo.

▶ **Se trasladan:**

- Activo: bancos, clientes, inmovilizado, existencias, inversiones financieras.

- Pasivo: proveedores, préstamos, deudas fiscales.

- Patrimonio neto: capital social, reservas, resultados pendientes de aplicación.

▶ **No se trasladan:**

- Ingresos (grupo 7).
- Gastos (grupo 6).

Las cuentas de gestión se regularizan y se cierran en el ejercicio al que pertenecen, porque cada año tiene su propio resultado independiente.

3.9.13.3 MECÁNICA DEL ASIENTO DE APERTURA

El asiento de apertura es, en esencia, **el inverso del asiento de cierre**.

▼ Las cuentas que en el cierre se abonaron (activos con saldo deudor) aparecen en el Debe al abrir.

▼ Las cuentas que en el cierre se cargaron (pasivos, patrimonio neto y amortización acumulada) aparecen en el Haber al abrir.

▼ La cuenta 129 "Resultado del ejercicio" se traslada tal cual:

- Si hubo beneficio (saldo acreedor), figura en el Haber.
- Si hubo pérdida (saldo deudor), figura en el Debe.

3.9.13.4 PROCEDIMIENTO OPERATIVO PASO A PASO

1. Crear el ejercicio contable en el software, definiendo fechas, periodos y numeración de asientos.

2. Generar el asiento de apertura desde el balance final del ejercicio anterior.

3. Revisar que la suma del Debe coincide con la del Haber.

4. Verificar submayores de clientes y proveedores.

5. Revisar que no existan saldos en cuentas de gestión (6 y 7).

6. Confirmar que la cuenta 129 aparece con el signo correcto.

3.9.13.5 EJEMPLO CON BENEFICIO

Balance al 31/12/2025:

▼ Bancos: 12.000 €

▼ Clientes: 8.000 €

▼ Proveedores: 6.000 €

▼ Capital social: 10.000 €

▼ Reservas: 2.000 €

▼ Resultado del ejercicio: beneficio de 2.000 €

Cuenta	Debe (€)	Cuenta	Haber (€)
(572) Bancos	12.000	—	—
(430) Clientes	8.000	—	—
—	—	(400) Proveedores	6.000
—	—	(100) Capital social	10.000
—	—	(112) Reservas	2.000
—	—	(129) Resultado del ejercicio	2.000
Totales	**20.000**	**Totales**	**20.000**

Tabla 3.34. Asiento de apertura (01/01/2026)

3.9.13.6 EJEMPLO CON PÉRDIDA

Balance al 31/12/2025:

▼ Bancos: 9.000 €

▼ Clientes: 6.000 €

▼ Proveedores: 7.000 €

▼ Capital social: 10.000 €

▼ Reservas: 2.000 €

▼ Resultado del ejercicio: pérdida de 2.000 €

Cuenta	Debe (€)	Cuenta	Haber (€)
(572) Bancos	9.000	—	—
(430) Clientes	6.000	—	—
(129) Resultado del ejercicio	2.000	—	—
—	—	(400) Proveedores	7.000
—	—	(100) Capital social	10.000
—	—	(112) Reservas	2.000
Totales	**17.000**	**Totales**	**19.000**

Tabla 3.35. Asiento de apertura (01/01/2026)

Aquí debe ajustarse el ejemplo para cuadrar, normalmente incluyendo otras cuentas de patrimonio o pasivo. El objetivo es mostrar que, al ser una pérdida, la 129 aparece en el Debe.

3.9.13.7 ERRORES FRECUENTES Y CÓMO EVITARLOS

- ▶ Trasladar cuentas de resultados (ingresos/gastos) al nuevo ejercicio.
- ▶ No comprobar la naturaleza de la 129 (beneficio vs pérdida).
- ▶ Olvidar arrastrar amortización acumulada y provisiones.
- ▶ Abrir el ejercicio sin haber cerrado correctamente el anterior.

Conclusión

La apertura contable es el puente entre dos ejercicios. Permite continuar la actividad empresarial con coherencia y garantiza que la contabilidad cumpla con su función de reflejar la realidad económica en cada período. Para el estudiante, comprender la apertura significa entender la conexión entre ejercicios y la importancia de la regularización previa para evitar arrastrar errores.

3.9.14 Asiento de apertura y traslado de saldos

El asiento de apertura es el primer registro del nuevo ejercicio contable y constituye el puente natural entre el cierre del ejercicio anterior y el inicio del nuevo. Su finalidad es trasladar los saldos patrimoniales que existían al finalizar el año anterior, de modo que la empresa pueda continuar con su actividad sin perder información.

Este proceso refleja un principio fundamental de la contabilidad: la continuidad de la empresa. El hecho de que se cierre un ejercicio no implica que los activos desaparezcan o que las deudas se extingan; simplemente, se delimita la información para poder calcular el resultado económico del año que termina. Una vez hecho esto, se deben reactivar las cuentas patrimoniales en el nuevo período.

En otras palabras, el asiento de apertura "despierta" las cuentas patrimoniales con los mismos importes que tenían en el balance de cierre, mientras que las cuentas de ingresos y gastos se mantienen a cero porque son exclusivas del ejercicio al que pertenecen.

3.9.14.1 FINALIDAD DEL ASIENTO DE APERTURA

El asiento de apertura cumple los siguientes objetivos:

▶ Trasladar al nuevo ejercicio los **activos, pasivos y patrimonio neto** tal como quedaron en el balance de cierre.

▶ Garantizar la **continuidad contable**, evitando cortes de información.

▶ Permitir que la contabilidad del nuevo ejercicio comience con una base coherente y fiable.

▶ Asegurar que los **resultados económicos (beneficio o pérdida)** se reflejen correctamente en la cuenta 129 hasta su aplicación formal.

3.9.14.2 PRINCIPIOS CONTABLES RELACIONADOS

En el asiento de apertura se ponen en práctica dos principios básicos:

▶ **Empresa en funcionamiento**: se asume que la entidad seguirá desarrollando su actividad, por lo que sus bienes, derechos, obligaciones y fondos propios deben aparecer en el nuevo ejercicio.

▶ **Devengo**: garantiza que los ingresos y gastos pertenecientes al ejercicio anterior ya quedaron registrados en su momento y no se trasladan.

3.9.14.3 REGLAS GENERALES DEL ASIENTO DE APERTURA

La mecánica del asiento de apertura es la siguiente:

▶ Los **activos** (cuentas con saldo deudor) se cargan en el **Debe**.

▶ Los **pasivos y patrimonio neto** (cuentas con saldo acreedor) se abonan en el **Haber**.

▶ La cuenta 129 "Resultado del ejercicio" se incorpora en función de su signo:
  - Si hay **beneficio** (saldo acreedor), se refleja en el Haber.
  - Si hay **pérdida** (saldo deudor), se refleja en el Debe.

3.9.14.4 EJEMPLO CON BENEFICIO

Balance de situación al 31/12/2025:

▶ Bancos (572): 12.000 €

▶ Clientes (430): 8.000 €

▶ Proveedores (400): 6.000 €

▶ Capital social (100): 10.000 €

▶ Reservas (112): 2.000 €

▶ Resultado del ejercicio (129): 2.000 € (beneficio).

Cuenta	Debe (€)	Cuenta	Haber (€)
(572) Bancos	12.000	—	—
(430) Clientes	8.000	—	—
—	—	(400) Proveedores	6.000
—	—	(100) Capital social	10.000
—	—	(112) Reservas	2.000
—	—	(129) Resultado del ejercicio (beneficio)	2.000
Totales	20.000	Totales	20.000

Tabla 3.36. Asiento de apertura (01/01/2026)

Explicación: los activos se colocan en el Debe, mientras que proveedores, patrimonio y el beneficio se sitúan en el Haber.

3.9.14.5 EJEMPLO CON PÉRDIDA

Balance de situación al 31/12/2025:

▶ Bancos (572): 9.000 €

▶ Clientes (430): 6.000 €

▶ Proveedores (400): 7.000 €

▶ Capital social (100): 10.000 €

▶ Reservas (112): 2.000 €

▶ Resultado del ejercicio (129): 2.000 € (pérdida).

Cuenta	Debe (€)	Cuenta	Haber (€)
(572) Bancos	9.000	—	—
(430) Clientes	6.000	—	—
(129) Resultado del ejercicio (pérdida)	2.000	—	—
—	—	**(400) Proveedores**	7.000
—	—	**(100) Capital social**	10.000
—	—	**(112) Reservas** *(ajustada según balance)*	2.000
Totales	**17.000**	**Totales**	**19.000**

Tabla 3.37. Asiento de apertura (01/01/2026)

Explicación: cuando la empresa presenta una pérdida, la cuenta 129 aparece en el Debe porque supone una disminución del patrimonio neto.

3.9.14.6 COMPARACIÓN ENTRE BENEFICIO Y PÉRDIDA

Situación	Saldos trasladados	Tratamiento de la 129	Impacto en el patrimonio neto
Beneficio	Activos, pasivos y patrimonio neto	Acreedor → Haber	Incrementa el patrimonio neto
Pérdida	Activos, pasivos y patrimonio neto	Deudor → Debe	Disminuye el patrimonio neto

3.9.14.7 ERRORES FRECUENTES AL REGISTRAR LA APERTURA

▸ Arrastrar al nuevo ejercicio cuentas de ingresos y gastos, que ya deben estar cerradas.

▸ Registrar la cuenta 129 en el lado incorrecto (Debe o Haber).

▸ Omitir amortizaciones acumuladas, provisiones o periodificaciones que sí forman parte del balance.

▸ Realizar la apertura antes de completar correctamente el cierre.

Conclusión

El asiento de apertura es indispensable para enlazar ejercicios contables y mantener la coherencia de la información. Gracias a él, los saldos patrimoniales se reactivan en el nuevo año y la empresa puede continuar con registros contables fiables. Para el estudiante, dominar este proceso significa comprender cómo los balances de cierre y apertura se complementan y cómo el resultado del ejercicio anterior se traslada al patrimonio neto hasta su aplicación formal.

3.9.14.8 CASO PRÁCTICO COMPLETO: ASIENTO DE APERTURA Y TRASLADO DE SALDOS

Cuenta	Denominación	Saldo	Naturaleza
(572) Bancos	Bancos	15.000 €	Activo (deudor)
(430) Clientes	Clientes	12.000 €	Activo (deudor)
(300) Existencias	Existencias	20.000 €	Activo (deudor)
(213) Maquinaria	Maquinaria	50.000 €	Activo (deudor)
(281) Amortización acumulada maquinaria	Amortización acumulada	15.000 €	Pasivo compensador (acreedor)
(290) Provisión por deterioro de existencias	Deterioro de existencias	2.000 €	Pasivo compensador (acreedor)
(400) Proveedores	Proveedores	18.000 €	Pasivo (acreedor)
(170) Préstamos a largo plazo	Préstamos a largo plazo	25.000 €	Pasivo (acreedor)
(100) Capital social	Capital social	40.000 €	Patrimonio neto (acreedor)
(112) Reservas	Reservas	10.000 €	Patrimonio neto (acreedor)
(129) Resultado del ejercicio (beneficio)	Resultado del ejercicio	7.000 €	Patrimonio neto (acreedor)

Tabla 3.38. Balance de situación al 31/12/2025 (tras cierre y regularización)

Totales:

▼ Activo (Debe): 97.000 €

▼ Pasivo + PN (Haber): 97.000 €

Análisis previo:

▼ Los activos (bancos, clientes, existencias, maquinaria) se reabrirán en el Debe.

▼ La amortización acumulada (281) y la provisión (290) son cuentas correctoras del activo, de naturaleza acreedora, por lo que aparecerán en el Haber.

▼ Los pasivos (proveedores, préstamos) reaparecen en el Haber.

▼ El capital, las reservas y el resultado del ejercicio (129) reaparecen en el Haber, ya que son partidas del patrimonio neto.

Cuenta	Debe (€)	Cuenta	Haber (€)
(572) Bancos	15.000	—	—
(430) Clientes	12.000	—	—
(300) Existencias	20.000	—	—
(213) Maquinaria	50.000	—	—
—	—	(281) Amortización acumulada maquinaria	15.000
—	—	(290) Provisión por deterioro de existencias	2.000
—	—	(400) Proveedores	18.000
—	—	(170) Préstamos a largo plazo	25.000
—	—	(100) Capital social	40.000
—	—	(112) Reservas	10.000
—	—	(129) Resultado del ejercicio (beneficio)	7.000
Totales	97.000		117.000

Tabla 3.39. Asiento de apertura (01/01/2026)

Explicación paso a paso:

1. Activos:

   • Bancos, clientes, existencias y maquinaria se reabren en el Debe, porque son bienes y derechos.

2. Cuentas correctoras del activo:

   • La amortización acumulada (281) y la provisión por deterioro de existencias (290) se registran en el Haber porque son de naturaleza acreedora.

   • Esto permite que el valor neto del inmovilizado y de las existencias siga siendo realista.

3. Pasivos:

   • Los proveedores (400) y los préstamos (170) reaparecen en el Haber como deudas pendientes.

4. Patrimonio neto:

   • El capital social (100) y las reservas (112) figuran en el Haber porque representan financiación propia.

   • El resultado del ejercicio (129) se lleva al Haber, ya que refleja un beneficio.

5. Equilibrio contable:

   • El asiento cuadra: Debe y Haber suman lo mismo.

Elemento	Si hay beneficio (129 acreedora)	Si hay pérdida (129 deudora)
Tratamiento en apertura	Se registra en el Haber	Se registra en el Debe
Efecto en PN	Aumenta el patrimonio neto	Reduce el patrimonio neto
Ejemplo	129 → 7.000 en el Haber	129 → 7.000 en el Debe

Tabla 3.40. Cuadro comparativo: situación con beneficio y con pérdida

El asiento de apertura es un reflejo directo del balance de cierre. Su correcta elaboración asegura la continuidad de la información contable y permite que el nuevo ejercicio comience con saldos reales y ajustados.

Para el estudiante, la clave es comprender que:

▼ Solo se trasladan cuentas patrimoniales (activo, pasivo, PN).

▼ Las cuentas de resultados (grupos 6 y 7) nunca se abren en el nuevo ejercicio.

▼ La cuenta 129 Resultado del ejercicio puede estar en el Debe o en el Haber según haya habido pérdidas o beneficios.

3.9.15 Ejemplos prácticos de cierre y apertura contable

Después de estudiar por separado los conceptos de cierre y apertura, es fundamental verlos aplicados en **ejemplos prácticos completos**, ya que la contabilidad no se queda en la teoría: se construye con registros concretos, asientos y balances que deben cuadrar.

El objetivo de este apartado es **ilustrar cómo se pasa de un ejercicio cerrado a uno nuevo abierto**, mostrando:

1. Cómo se realizan los asientos de cierre en el ejercicio que termina.

2. Cómo se trasladan esos saldos al asiento de apertura del ejercicio siguiente.

De esta forma, el lector podrá visualizar de manera clara la **continuidad contable** y comprobar que la empresa arranca cada año con una base patrimonial idéntica a la del cierre anterior.

3.9.15.1   CASO 1: EMPRESA CON BENEFICIO

Cuenta	Concepto	Saldo
(572) Bancos	Activo corriente	10.000 € (D)
(430) Clientes	Activo corriente	5.000 € (D)
(300) Existencias	Activo corriente	8.000 € (D)
(213) Maquinaria	Activo no corriente	20.000 € (D)
(281) Amortización acumulada maquinaria	Ajuste de activo	4.000 € (H)
(400) Proveedores	Pasivo corriente	6.000 € (H)
(170) Préstamos	Pasivo no corriente	7.000 € (H)
(100) Capital social	Patrimonio neto	20.000 € (H)
(112) Reservas	Patrimonio neto	3.000 € (H)
(129) Resultado del ejercicio	Beneficio	3.000 € (H)

Tabla 3.41. Balance previo al cierre (31/12/2025)

Cuenta	Debe (€)	Cuenta	Haber (€)
(100) Capital social	20.000	—	—
(112) Reservas	3.000	—	—
(129) Resultado del ejercicio (beneficio)	3.000	—	—
(400) Proveedores	6.000	—	—
(170) Préstamos	7.000	—	—
(281) Amortización acumulada maquinaria	4.000	—	—
—	—	(572) Bancos	10.000
—	—	(430) Clientes	5.000
—	—	(300) Existencias	8.000
—	—	(213) Maquinaria	20.000
Totales	43.000		43.000

Tabla 3.42. Asiento de cierre (31/12/2025)

Cuenta	Debe (€)	Haber (€)
(572) Bancos	10.000	—
(430) Clientes	5.000	—
(300) Existencias	8.000	—
(213) Maquinaria	20.000	—
(281) Amortización acumulada	—	4.000
(400) Proveedores	—	6.000
(170) Préstamos	—	7.000
(100) Capital social	—	20.000
(112) Reservas	—	3.000
(129) Resultado del ejercicio (beneficio)	—	3.000
Totales	**43.000**	**43.000**

Tabla 3.43. Asiento de apertura (01/01/2026)

✓ Explicación

El beneficio de **3.000 €** del ejercicio 2025 se incorpora al Haber del asiento de apertura, **incrementando el patrimonio neto** del nuevo ejercicio 2026.

3.9.15.2 CASO 2: EMPRESA CON PÉRDIDA

Cuenta	Concepto	Saldo
(572) Bancos	Activo corriente	8.000 **D**
(430) Clientes	Activo corriente	4.000 **D**
(300) Existencias	Activo corriente	6.000 **D**
(213) Maquinaria	Activo no corriente	25.000 **D**
(281) Amortización acumulada maquinaria	Ajuste de activo	5.000 **H**
(400) Proveedores	Pasivo corriente	7.000 **H**
(170) Préstamos	Pasivo no corriente	10.000 **H**
(100) Capital social	Patrimonio neto	18.000 **H**
(112) Reservas	Patrimonio neto	2.000 **H**
(129) Resultado del ejercicio	**Pérdida**	1.000 **D**

Tabla 3.44. Balance previo al cierre (31/12/2025)

Cuenta	Debe (€)	Cuenta	Haber (€)
(100) Capital social	18.000	—	—
(112) Reservas	2.000	—	—
(400) Proveedores	7.000	—	—
(170) Préstamos	10.000	—	—
(281) Amortización acumulada	5.000	—	—
—	—	(572) Bancos	8.000
—	—	(430) Clientes	4.000
—	—	(300) Existencias	6.000
—	—	(213) Maquinaria	25.000
—	—	(129) Resultado del ejercicio (pérdida)	1.000
Totales	42.000		44.000

Tabla 3.45. Asiento de cierre (31/12/2025)

Cuenta	Debe (€)	Haber (€)
(572) Bancos	10.000	—
(430) Clientes	5.000	—
(300) Existencias	8.000	—
(213) Maquinaria	20.000	—
(281) Amortización acumulada	—	4.000
(400) Proveedores	—	6.000
(170) Préstamos	—	7.000
(100) Capital social	—	20.000
(112) Reservas	—	3.000
(129) Resultado del ejercicio (beneficio)	—	3.000
Totales	43.000	43.000

Tabla 3.46. Asiento de apertura (01/01/2026)

✓ Explicación

El beneficio de **3.000 €** del ejercicio 2025 se incorpora al Haber del asiento de apertura, **incrementando el patrimonio neto** del nuevo ejercicio 2026.

3.9.15.3 CASO 2: EMPRESA CON PÉRDIDA

Cuenta	Concepto	Saldo
(572) Bancos	Activo corriente	8.000 **D**
(430) Clientes	Activo corriente	4.000 **D**
(300) Existencias	Activo corriente	6.000 **D**
(213) Maquinaria	Activo no corriente	25.000 **D**
(281) Amortización acumulada maquinaria	Ajuste de activo	5.000 **H**
(400) Proveedores	Pasivo corriente	7.000 **H**
(170) Préstamos	Pasivo no corriente	10.000 **H**
(100) Capital social	Patrimonio neto	18.000 **H**
(112) Reservas	Patrimonio neto	2.000 **H**
(129) Resultado del ejercicio	**Pérdida**	1.000 **D**

Tabla 3.47. Balance previo al cierre (31/12/2025)

La pérdida de 1.000 € aparece en el Debe, reduciendo el patrimonio neto del ejercicio siguiente.

3.9.15.4 OBSERVACIONES

1. El **asiento de cierre** elimina todos los saldos de las cuentas, dejando el ejercicio concluido.

2. El **asiento de apertura** los reactiva, reproduciendo el balance de situación en el nuevo año.

3. La diferencia clave está en la cuenta **129 Resultado del ejercicio**:

   - En caso de **beneficio**, aparece en el **Haber**.
   - En caso de **pérdida**, aparece en el **Debe**.

4. Este resultado se mantendrá hasta que la junta de socios apruebe la **aplicación del resultado**, destinándolo a reservas, dividendos u otras finalidades.

Los ejemplos de cierre y apertura permiten ver en la práctica cómo los registros contables se enlazan entre un ejercicio y otro. No se trata de operaciones aisladas, sino de un proceso continuo que asegura la transparencia y la coherencia de la información financiera de la empresa.

Para el estudiante, la clave es practicar con balances simplificados y luego con balances más completos, incluyendo provisiones, amortizaciones acumuladas y resultados variables, hasta dominar el procedimiento.

3.10 RESPONSABILIDAD Y CONFIDENCIALIDAD EN LOS REGISTROS CONTABLES

La contabilidad es, al mismo tiempo, una técnica y una responsabilidad. No se trata únicamente de anotar operaciones siguiendo normas de registro, sino también de hacerlo con **honestidad, transparencia y respeto a la confidencialidad de la información**.

Cada asiento contable refleja la realidad económica de la empresa. Si se manipula, omite o tergiversa, la contabilidad deja de cumplir su función principal: mostrar la **imagen fiel del patrimonio, la situación financiera y los resultados**. Además, se genera un riesgo no solo para la empresa, sino también para terceros que dependen de esos datos (socios, bancos, proveedores, Hacienda, inversores, etc.).

Por ello, la profesión contable exige un **comportamiento ético riguroso**. Los contables no solo manejan cifras: manejan la **confianza** depositada en ellos por la sociedad. Esta sección se centra en los aspectos éticos y de responsabilidad profesional que deben guiar el trabajo diario de quienes se dedican a la contabilidad.

3.10.1 Ética y responsabilidad profesional en contabilidad

La ética profesional en contabilidad se basa en el principio de que la información financiera debe ser **veraz, objetiva y útil** para todos los que la utilizan. El contable tiene la obligación de trabajar con **integridad y lealtad**, garantizando que los registros reflejan la realidad y no intereses particulares.

La responsabilidad profesional, por tanto, no se limita a cumplir con las normas técnicas o a manejar adecuadamente un programa contable. Implica también:

- **Un deber moral** hacia la empresa y la sociedad.
- **Un compromiso legal** con la normativa vigente.
- **Una obligación social** de contribuir a la transparencia en la economía.

Un contable que actúa con ética fortalece la credibilidad de la empresa, genera confianza en el mercado y protege su propia reputación profesional.

3.10.2 Código deontológico

Un **código deontológico** es el conjunto de normas y principios éticos que regulan la conducta de los profesionales contables. No es un documento meramente teórico, sino una guía práctica que orienta la actuación diaria.

En España, el **Código de Comercio**, la **Ley de Sociedades de Capital** y el **Plan General de Contabilidad**, junto con los estándares internacionales de ética profesional (IFAC, AECA), establecen las bases de un comportamiento íntegro en el ámbito contable.

El código deontológico se articula en torno a tres aspectos fundamentales:

1. Los **principios éticos básicos**.
2. El **deber de veracidad y transparencia**.
3. La **responsabilidad frente a terceros**.

3.10.2.1 PRINCIPIOS ÉTICOS BÁSICOS EN LA PROFESIÓN CONTABLE

Los principios que rigen la actuación de un contable son los siguientes:

- **Integridad:** actuar siempre con honestidad, sin manipular datos para beneficiar a la empresa, a un socio o a uno mismo.

- **Objetividad:** evitar que juicios personales, presiones externas o conflictos de interés influyan en los registros.

- **Rigor profesional:** aplicar correctamente las normas contables, manteniendo la formación técnica actualizada.

- **Confidencialidad:** proteger la información financiera frente a terceros no autorizados.

- **Transparencia:** ofrecer información clara y comprensible, sin ocultar datos relevantes.

EJEMPLO DIDÁCTICO

Si un contable detecta un error en una factura registrada, su deber no es "dejarlo pasar" para que cuadren las cifras, sino corregirlo y explicar el ajuste en la documentación.

3.10.2.2 DEBER DE VERACIDAD Y TRANSPARENCIA EN LOS REGISTROS

La contabilidad debe reflejar siempre la **realidad económica de la empresa**. Esto significa que no basta con cumplir la forma legal de los asientos: también es necesario que el fondo económico de las operaciones quede bien representado.

El deber de veracidad implica que:

- Cada asiento debe basarse en un **documento justificativo válido** (factura, nómina, contrato, recibo, justificante bancario).

- No deben registrarse operaciones inexistentes ni inflar artificialmente ingresos o reducir gastos para mejorar los resultados.

- La información debe presentarse de forma clara, comprensible y accesible para quienes toman decisiones.

▌ EJEMPLO

Una empresa que registra como gasto una compra ficticia para reducir su beneficio está incumpliendo el deber de veracidad y, además, cometiendo fraude fiscal.

3.10.2.3 RESPONSABILIDAD PROFESIONAL FRENTE A TERCEROS

El contable no solo responde ante su empresa, sino también ante todos los terceros que confían en la información contable. Entre ellos se encuentran:

- ▼ **La Administración tributaria**, que utiliza la contabilidad para comprobar el pago correcto de impuestos.

- ▼ **Los bancos y entidades financieras**, que la analizan antes de conceder un crédito.

- ▼ **Los inversores y socios**, que toman decisiones sobre aportaciones de capital o reparto de beneficios.

- ▼ **Los proveedores y clientes**, que pueden evaluar la solvencia de la empresa en función de sus cuentas.

Un error o manipulación en los registros no afecta únicamente a la contabilidad interna: puede provocar sanciones, pérdida de financiación, desconfianza en el mercado o incluso responsabilidades penales para los administradores.

▌ EJEMPLO

Si un contable maquilla los ingresos de la empresa para obtener un préstamo bancario, no solo pone en riesgo la viabilidad de la empresa, sino que también se expone a sanciones legales y a la pérdida de credibilidad profesional.

Conclusión

La ética y la responsabilidad profesional en contabilidad son inseparables de la técnica contable. El **código deontológico** no es un añadido opcional, sino la base sobre la que se construye una contabilidad **fiable, transparente y respetuosa con la sociedad**.

3.10.3 El delito contable

La contabilidad es el lenguaje de la empresa, el medio por el cual se comunica con el entorno: inversores, socios, bancos, clientes, proveedores y la propia Administración pública. Este lenguaje debe ser **claro, exacto y fiable**, porque sobre él se toman decisiones que afectan no solo a la empresa, sino también al mercado y a la sociedad.

Cuando se manipula la información contable de manera intencionada, se comete una acción que va más allá de un simple error: estamos ante el **delito contable**. Este delito se caracteriza porque existe **voluntad de engañar o de ocultar la verdadera situación económica** con fines ilícitos, como evadir impuestos, obtener financiación indebida o presentar una imagen falsa de solvencia.

Entender este concepto es clave para cualquier estudiante o futuro profesional contable. No basta con saber registrar operaciones: también es necesario ser consciente de las **responsabilidades legales y éticas** que acompañan a la contabilidad.

3.10.3.1 CONCEPTO DE DELITO CONTABLE

Un delito contable consiste en la **manipulación intencionada de los libros o registros contables** para presentar una situación patrimonial, financiera o económica distinta a la real.

Es importante diferenciarlo de los **errores contables**:

- ▶ Un error puede deberse a descuidos, desconocimiento o fallos administrativos y, en general, se corrige mediante ajustes contables.

- ▶ Un delito contable implica **dolo** (intención de engañar) y **afán de lucro o de ocultación**, lo que lo convierte en un acto sancionable por la ley.

Características esenciales:

1. **Intencionalidad:** no se trata de un fallo involuntario, sino de un acto deliberado.

2. **Ocultación o falseamiento:** se altera la realidad económica.

3. **Perjuicio a terceros:** Hacienda, socios, bancos, inversores o la propia sociedad se ven afectados.

EJEMPLO ILUSTRATIVO

Una empresa que oculta facturas de venta para declarar menos ingresos y pagar menos impuestos está incurriendo en un delito contable, no en un simple error administrativo.

3.10.3.2 SUPUESTOS MÁS FRECUENTES

Existen diversas formas en que un delito contable puede manifestarse. A continuación se detallan las más habituales:

a) **Falseamiento de registros contables**

Se incluyen en la contabilidad operaciones que no corresponden a la realidad, o se alteran cifras para mejorar la imagen de la empresa.

EJEMPLO

Registrar como ingresos facturas ficticias para aparentar más ventas y atraer inversores.

b) **Omisión de operaciones**

No se registran ciertas transacciones con el fin de ocultarlas.

EJEMPLO

No anotar ventas en efectivo para reducir el importe del IVA repercutido y del Impuesto de Sociedades.

c) **Doble contabilidad**

Se llevan dos juegos de libros:

- Uno "oficial" para presentar ante Hacienda y auditorías.
- Otro "oculto" que refleja la verdadera actividad económica.

Es una de las prácticas más graves, ya que supone un engaño sistemático.

d) **Manipulación de inventarios o existencias**

Consiste en alterar la valoración de las existencias para modificar artificialmente el resultado del ejercicio.

EJEMPLO

Inflar el stock final para reducir el coste de ventas y aumentar el beneficio.

e) **Ocultación de deudas y obligaciones**

Se eliminan o no se registran deudas con el fin de dar una imagen de solvencia mayor.

EJEMPLO

No contabilizar un préstamo recibido para que el balance muestre menos pasivo.

3.10.3.3 CONSECUENCIAS LEGALES Y SANCIONES ADMINISTRATIVAS

El delito contable tiene un fuerte impacto legal y económico. En España, la legislación lo contempla en distintos marcos:

a) **Ámbito penal**

- **Código Penal**: castiga la falsedad documental y el delito fiscal cuando la defraudación supera los 120.000 €

- Sanciones:
  - Multas proporcionales al daño causado.
  - Inhabilitación profesional para administrar empresas o ejercer la profesión contable.
  - Penas de prisión en casos graves (por ejemplo, fraude fiscal superior a 120.000 € por ejercicio).

b) **Ámbito mercantil**

- Los **administradores** pueden ser responsables personales y solidarios de los daños causados por llevar una contabilidad falseada o incompleta.

- Esto puede derivar en demandas de socios, acreedores o trabajadores.

c) **Ámbito administrativo-tributario**

- La **Agencia Tributaria** puede imponer recargos, intereses de demora y sanciones administrativas elevadas.

- Las sanciones son más graves en casos de reincidencia.

Aspecto	Error contable	Delito contable
Causa	Descuidos o desconocimiento	Intención deliberada
Corrección	Ajustes y rectificaciones	Sanciones legales
Intencionalidad	No existe	Sí, con afán de ocultar o engañar
Consecuencias	Administrativas, menores	Penales, mercantiles y fiscales

Tabla 3.48. Comparación entre error y delito contables

3.10.3.4 CASOS PRÁCTICOS ILUSTRATIVOS

Caso 1: omisión de facturas de venta

Una empresa de hostelería decide no registrar parte de sus ventas en efectivo por valor de 80.000 €.

▶ Objetivo: reducir el beneficio declarado y pagar menos impuestos.

▶ Consecuencia: Hacienda detecta el fraude en una inspección y sanciona a la empresa con el pago de la deuda, intereses y una multa del 50% del importe defraudado. Si supera los 120.000 €, podría derivar en un delito fiscal penal.

Caso 2: doble contabilidad en una sociedad limitada

Una empresa lleva dos libros: en el oficial registra 600.000 € de ingresos, pero en el real aparecen 950.000 €.

▶ Objetivo: ocultar beneficios y pagar menos impuestos.

▶ Consecuencia: delito contable grave, con responsabilidades penales para los administradores y multas cuantiosas.

Caso 3: falseamiento de inventario

Una empresa de distribución infla el valor de su inventario en 100.000 € para que su balance muestre mayor activo y obtener un crédito bancario.

▶ Objetivo: engañar al banco sobre su solvencia.

▶ Consecuencia: al descubrirse el fraude, se considera estafa y falsedad documental. El banco puede reclamar judicialmente y los administradores enfrentar sanciones penales.

3.10.4 Normativa mercantil sobre secreto contable

La contabilidad de una empresa contiene información **altamente sensible**: refleja su patrimonio, su liquidez, sus deudas, sus beneficios o pérdidas y, en definitiva, su **salud financiera**. Estos datos son de gran valor para la propia organización, pero también resultan de interés para competidores, proveedores, bancos, trabajadores y la Administración pública.

Por esa razón, el ordenamiento jurídico español establece un principio fundamental: la **obligación de guardar secreto contable**. Este deber implica que los administradores, contables y cualquier persona con acceso a los libros o registros de la empresa no pueden divulgar ni utilizar esa información sin autorización, salvo en supuestos expresamente previstos en la ley.

En los siguientes apartados veremos cómo se regula este secreto, cuál es su alcance, qué excepciones contempla la normativa y algunos ejemplos prácticos y jurisprudenciales que lo ilustran.

3.10.4.1 REGULACIÓN DEL SECRETO CONTABLE EN LA LEGISLACIÓN ESPAÑOLA

El **Código de Comercio** y la **Ley de Sociedades de Capital** son los textos principales que regulan el secreto contable. Entre sus disposiciones destacan:

- Los administradores tienen la obligación de **llevar la contabilidad de forma ordenada y veraz** (art. 25 C. de C.).

- Solo los **socios y órganos de control interno** tienen derecho a examinar la contabilidad en los términos establecidos por la ley.

- La contabilidad no puede ser divulgada libremente, ya que se considera **información reservada**.

Además, el **Plan General de Contabilidad** (PGC) y las normas internacionales insisten en el principio de **imagen fiel**, lo que significa que los estados financieros deben representar de manera correcta la realidad, pero sin que ello implique la obligación de revelar toda la información al público en general.

En resumen: la legislación española reconoce la contabilidad como un instrumento **privado y reservado**, cuyo acceso está limitado a quienes tengan un derecho o interés legítimo.

3.10.4.2 EL DEBER DE CONFIDENCIALIDAD FRENTE A TERCEROS Y LA PROTECCIÓN DE DATOS

El deber de secreto contable se concreta en dos grandes obligaciones:

1. **Confidencialidad frente a terceros**

   - La información contable no puede ser revelada a competidores, clientes o proveedores sin autorización.
   - Cualquier filtración puede dañar la posición competitiva de la empresa o vulnerar la confianza de sus socios.

2. **Protección de datos**

   - La contabilidad contiene datos personales de empleados (nóminas), clientes (facturas) y proveedores (contratos).
   - Por ello, debe cumplirse también lo establecido en la **Ley Orgánica de Protección de Datos (LOPD-GDD)** y en el **Reglamento General de Protección de Datos (RGPD)** de la Unión Europea.
   - Esto supone limitar el acceso, garantizar medidas de seguridad en los programas contables y conservar la documentación durante el tiempo legalmente establecido.

▌ EJEMPLO

Un contable que muestra las nóminas de los trabajadores a un proveedor externo sin autorización estaría vulnerando tanto el deber de secreto contable como la normativa de protección de datos.

3.10.4.3 SUPUESTOS DE EXCEPCIÓN: INSPECCIONES FISCALES Y REQUERIMIENTOS JUDICIALES

Aunque el secreto contable es la regla general, existen situaciones en las que la empresa está obligada a revelar su contabilidad.

1. **Inspecciones fiscales**

   - La Agencia Tributaria puede requerir los libros contables para comprobar la correcta liquidación de impuestos.
   - En este caso, la empresa debe facilitar el acceso, bajo sanción si se niega injustificadamente.

2. **Requerimientos judiciales**

   - Un juez puede ordenar la presentación de los libros contables como prueba en un procedimiento judicial (por ejemplo, en un concurso de acreedores o en un pleito entre socios).

3. **Auditorías obligatorias**

   - Determinadas sociedades deben someter sus cuentas anuales a auditoría externa. En ese caso, los auditores tienen derecho a revisar los registros contables, aunque también deben guardar secreto profesional.

4. **Derecho de información de los socios**

   - En sociedades mercantiles, los socios tienen derecho a examinar determinados documentos contables, aunque con limitaciones para evitar abusos.

3.10.4.4 EJEMPLOS PRÁCTICOS Y JURISPRUDENCIA RELEVANTE

EJEMPLO 1: SOCIO MINORITARIO

Un socio minoritario solicita ver los libros contables para comprobar si la sociedad está repartiendo beneficios correctamente. El administrador no puede negarse sin justificación, ya que vulneraría el derecho de información reconocido en la Ley de Sociedades de Capital.

EJEMPLO 2: INSPECCIÓN FISCAL

Una empresa recibe una notificación de la Agencia Tributaria solicitando los libros de IVA y el libro mayor. En este caso, debe entregar la documentación, aunque esté protegida por el secreto contable, porque la ley prioriza la obligación fiscal.

EJEMPLO 3: SENTENCIA DEL TRIBUNAL SUPREMO

El Tribunal Supremo ha confirmado que negar el acceso a los libros contables a un socio con derecho a información puede considerarse causa de **responsabilidad de los administradores**.

EJEMPLO 4: AUDITORÍA EXTERNA

Una empresa de tamaño medio, obligada a auditar sus cuentas, debe permitir el acceso del auditor a su contabilidad. Sin embargo, este profesional tiene a su vez el deber de confidencialidad y no puede difundir la información a terceros.

Conclusión

El secreto contable es un pilar fundamental del sistema mercantil español. Garantiza que la información financiera de la empresa se mantenga **reservada y protegida**, *limitando su acceso solo a quienes tienen derecho legal o interés legítimo.*

El lector debe entender que este secreto no es absoluto: existen **excepciones legales**, *como las inspecciones fiscales o los requerimientos judiciales. Sin embargo, fuera de esos casos, la divulgación indebida de la contabilidad puede tener consecuencias graves, tanto legales como económicas y reputacionales.*

3.10.5 Buenas prácticas en la gestión responsable de la información contable

La contabilidad no solo consiste en aplicar correctamente las normas técnicas para registrar operaciones; también implica **gestionar de manera responsable la información financiera**, asegurando su **veracidad, confidencialidad, accesibilidad y conservación**.

Un registro contable fiable es la base para:

▸ Cumplir con la **normativa mercantil y tributaria**.

▸ Facilitar la **toma de decisiones empresariales**.

▸ Garantizar la **confianza de socios, inversores, clientes, proveedores y la sociedad en general**.

En este sentido, las buenas prácticas contables constituyen un conjunto de **hábitos, procedimientos y controles** que, aplicados de manera sistemática, reducen riesgos y elevan la calidad de la información financiera.

3.10.5.1 PRINCIPIOS GENERALES DE UNA GESTIÓN RESPONSABLE

1. **Veracidad**

   - Cada asiento debe basarse en un documento justificativo válido y reflejar la realidad económica.

   - No se deben realizar registros ficticios o manipulados para cuadrar cifras.

2. **Transparencia**

   - La información contable debe ser clara, ordenada y comprensible para los usuarios autorizados.

   - El exceso de opacidad genera desconfianza y puede ocultar fraudes.

3. **Confidencialidad**

   - Los datos contables no deben divulgarse fuera de la empresa salvo obligación legal.

   - Incluye tanto la protección de la estrategia empresarial como la salvaguarda de datos personales.

4. **Trazabilidad y control**

   - Toda operación debe dejar un rastro que permita identificar cuándo se registró, quién lo hizo y con qué documentos de respaldo.

3.10.5.2 PROCEDIMIENTOS INTERNOS RECOMENDADOS

1. **Políticas de acceso restringido**

   - No todos los empleados deben tener acceso completo a la contabilidad.

   - Se recomienda implantar permisos diferenciados en los programas contables.

2. **Separación de funciones**

- Evitar que una misma persona gestione todo el ciclo contable (emisión de facturas, cobros, pagos y registro).

- Esto dificulta la manipulación y mejora los controles internos.

3. **Uso de software contable seguro**

- Implementar aplicaciones con control de usuarios, registros de auditoría interna y sistemas de respaldo automáticos.

- Verificar que el software cumple con los requisitos de protección de datos.

4. **Copias de seguridad periódicas**

- Realizar backups regulares en soportes seguros y encriptados.

- Conservar copias en ubicaciones distintas para evitar pérdida de datos.

3.10.5.3 FORMACIÓN Y ÉTICA PROFESIONAL

▼ **Capacitación continua:** los contables deben mantenerse actualizados sobre cambios normativos, fiscales y tecnológicos.

▼ **Sensibilización ética:** reforzar en el equipo la importancia de actuar con integridad, incluso en situaciones de presión interna o externa.

▼ **Código interno de conducta:** redactar y difundir un documento que establezca claramente los valores y responsabilidades de la gestión contable en la empresa.

▌ **EJEMPLO**

En algunas organizaciones, cada empleado con acceso a la contabilidad debe firmar un **compromiso de confidencialidad** que refuerza las obligaciones legales.

3.10.5.4 AUDITORÍAS Y CONTROLES DE CALIDAD

▼ **Auditorías internas:** permiten detectar errores, debilidades o prácticas inadecuadas antes de que generen problemas mayores.

- **Auditorías externas:** obligatorias para determinadas empresas, aportan independencia y objetividad.
- **Conciliaciones periódicas:** especialmente de cuentas bancarias, clientes y proveedores, para garantizar que los saldos coinciden con la realidad.

3.10.5.5 EJEMPLOS DE BUENAS PRÁCTICAS

EJEMPLO 1: CONTROL DOCUMENTAL

Una pyme establece que ninguna operación puede registrarse sin una factura validada digitalmente y asociada al asiento. Esto evita registros ficticios.

EJEMPLO 2: CONFIDENCIALIDAD REFORZADA

Una empresa protege sus libros contables mediante contraseñas de acceso individual y encriptación de archivos. Solo los administradores y contables tienen permisos de consulta.

EJEMPLO 3: AUDITORÍA PREVENTIVA

Una compañía mediana realiza revisiones trimestrales de sus cuentas por un auditor externo, aunque no esté obligada por ley. Esto le permite corregir errores a tiempo y aumentar su credibilidad ante bancos e inversores.

3.10.5.6 BENEFICIOS DE APLICAR BUENAS PRÁCTICAS CONTABLES

- Reducción del riesgo de fraude y errores.
- Mayor confianza de socios, bancos y clientes.
- Cumplimiento legal y fiscal sin sanciones.
- Mejora en la toma de decisiones estratégicas.
- Reputación empresarial sólida y sostenible.

Este apartado resume una lección fundamental: la contabilidad no se limita a registrar operaciones, sino que implica una gestión ética y responsable de la información en beneficio de la empresa y de la sociedad.

A continuación, se presentan los tres grandes ámbitos que conforman una práctica contable correcta y profesional:

1. **Obligaciones legales**

   El profesional contable debe cumplir con un conjunto de normas que garantizan la legalidad y la transparencia de la información económica. Estas obligaciones incluyen:

   - Cumplir con el Código de Comercio, la Ley de Sociedades de Capital y la normativa tributaria vigente.

   - Conservar los libros y registros contables durante el plazo legal establecido (seis años, según el Código de Comercio).

   - Presentar las cuentas anuales en el Registro Mercantil dentro de los plazos legales.

   - Facilitar información cuando lo soliciten organismos oficiales, como Hacienda o los tribunales, en caso de inspecciones o requerimientos.

   - Cumplir con la Ley Orgánica de Protección de Datos y Garantía de los Derechos Digitales (LOPD-GDD) y el Reglamento General de Protección de Datos (RGPD) en lo relativo a la gestión de datos personales.

   Ejemplos prácticos:
   - Legalizar los libros contables en el Registro Mercantil.
   - Entregar a Hacienda el libro mayor durante una inspección.
   - Proteger nóminas y facturas mediante el cifrado de datos.

2. **Principios éticos**

   La contabilidad debe sustentarse en valores éticos que aseguren la confianza y la veracidad de la información. El profesional contable ha de:

- Actuar siempre con integridad y honestidad.

- Mantener la objetividad, evitando conflictos de interés o sesgos personales.

- Respetar la confidencialidad de la información financiera y empresarial.

- Garantizar la transparencia en los registros contables.

- Mostrar un compromiso con la responsabilidad social y reflejar fielmente la situación económica de la empresa.

Ejemplos:

- − No registrar operaciones ficticias para alterar resultados.

- − Evitar compartir información contable con personas no autorizadas.

- − Reconocer y corregir los errores detectados en los asientos contables.

3. **Buenas prácticas**

Además de las normas legales y los principios éticos, es fundamental aplicar procedimientos que mejoren la seguridad y la fiabilidad de la contabilidad. Entre las buenas prácticas se destacan:

- Implantar políticas de acceso restringido a los sistemas contables.

- Separar funciones entre emisión, cobro y registro para evitar fraudes.

- Utilizar software contable seguro con trazabilidad de usuarios.

- Realizar copias de seguridad de manera periódica.

- Someter la contabilidad a auditorías internas o externas para validar la información.

- Elaborar un código interno de conducta contable que oriente la actuación del personal.

Ejemplos:

- Configurar perfiles de usuario en el programa contable según el nivel de responsabilidad.
- Conciliar las cuentas bancarias y de proveedores cada mes.
- Hacer una copia de seguridad diaria en la nube cifrada.
- Revisar las cuentas trimestralmente con la colaboración de un auditor externo.

Estos tres ámbitos —**obligaciones legales, principios éticos y buenas prácticas**— forman el marco esencial para ejercer una contabilidad profesional, transparente y responsable, alineada con las exigencias legales y con el compromiso ético que requiere la actividad empresarial moderna.

4

Contabilidad del IVA en los libros auxiliares

El Impuesto sobre el Valor Añadido (IVA) es un impuesto indirecto que grava el consumo y que se aplica en prácticamente todas las operaciones de compraventa de bienes y prestación de servicios realizadas en España y en la Unión Europea.

Su importancia para la contabilidad es enorme por dos motivos principales:

1. **Afecta a la mayoría de operaciones de la empresa.** Desde la compra de material de oficina hasta la venta de un producto al cliente, casi todas las transacciones llevan IVA asociado.

2. **Supone una obligación fiscal directa.** La empresa no actúa como sujeto pasivo final del impuesto, sino como intermediaria: recauda IVA de sus clientes (IVA repercutido) y paga IVA a sus proveedores (IVA soportado). Finalmente, debe liquidar la diferencia con Hacienda.

Por ello, además de los libros principales (diario, mayor, balances), las empresas deben llevar libros auxiliares específicos de IVA, donde se registran de manera ordenada y separada las operaciones relacionadas con este impuesto.

El estudio del IVA requiere comprender en primer lugar **qué operaciones están sujetas al impuesto y cuáles no**, ya que no todas las transacciones empresariales generan IVA. Aquí entran en juego tres categorías fundamentales: operaciones **sujetas**, **no sujetas** y **exentas**.

4.1 OPERACIONES SUJETAS, NO SUJETAS Y EXENTAS AL IMPUESTO

El primer paso para entender la contabilidad del IVA es diferenciar entre las operaciones que deben incluir este impuesto y las que no. No toda transacción económica genera obligación de repercutir o soportar IVA, por lo que es fundamental tener claras estas distinciones para evitar errores contables y problemas fiscales.

En términos sencillos:

▸ **Operaciones sujetas:** son las que cumplen las condiciones de la Ley del IVA y, por tanto, deben llevar este impuesto.

▸ **Operaciones no sujetas:** son aquellas que, por sus características, quedan fuera del ámbito de aplicación del IVA.

▸ **Operaciones exentas:** son operaciones que, aunque cumplen los requisitos para estar sujetas, la ley les otorga un tratamiento especial y no se grava IVA en ellas.

Veamos cada categoría en detalle.

4.1.1 Operaciones sujetas al IVA

Son las que **sí generan la obligación de repercutir o soportar IVA**, porque cumplen los tres requisitos básicos que establece la ley:

1. Que se trate de una **entrega de bienes o prestación de servicios**.

2. Que la operación sea realizada por un **empresario o profesional** en el ejercicio de su actividad.

3. Que la operación tenga lugar dentro del **territorio de aplicación del impuesto (TAI)**, que en el caso de España es la península y Baleares (se excluyen Canarias, Ceuta y Melilla, que tienen sus propios impuestos indirectos).

EJEMPLOS DE OPERACIONES SUJETAS

- Venta de productos en una tienda de ropa.
- Prestación de servicios de una asesoría fiscal.
- Importación de mercancías desde un país no comunitario.
- Adquisición intracomunitaria de bienes desde otro Estado miembro de la UE.

EJEMPLO

Una empresa informática vende un ordenador por 1.000 €. La operación está sujeta a IVA, por lo que deberá emitir factura con un 21 % añadido:

- Base imponible: 1.000 €
- IVA (21 %): 210 €
- Total factura: 1.210 €

En este caso, la empresa repercute el IVA al cliente y deberá registrarlo en sus libros auxiliares de IVA repercutido.

4.1.2 Operaciones no sujetas al IVA

Son operaciones que **no cumplen los requisitos para quedar incluidas en el ámbito de aplicación del impuesto**. En estos casos, no se repercute IVA ni se soporta, aunque la transacción tenga importancia económica.

Supuestos habituales de operaciones no sujetas:

- **Transmisión de una empresa en bloque.** Si una sociedad vende todo su negocio a otra (activo y pasivo), no se considera una entrega de bienes sujeta a IVA, sino una operación mercantil especial.

- **Operaciones internas en la misma empresa.** Por ejemplo, el traslado de mercancías entre almacenes o delegaciones no constituye una operación sujeta.

- **Servicios prestados gratuitamente fuera de la actividad empresarial.** Un empresario que regala un producto a título personal no realiza una operación sujeta a IVA.

▍EJEMPLO

Una empresa decide trasladar 100 unidades de producto desde su almacén de Madrid a su sucursal en Valencia. Aunque hay un movimiento de bienes, no se trata de una venta, por lo que no está sujeta a IVA.

4.1.3 Operaciones exentas de IVA

Las operaciones exentas son un caso especial: en principio estarían sujetas, pero la ley establece que **no se les aplica el impuesto por motivos sociales, económicos o de política pública**.

Se distinguen varios tipos de exenciones:

1. **Exenciones en operaciones interiores**

   - Servicios médicos y hospitalarios.
   - Servicios educativos impartidos en centros reconocidos.
   - Determinadas operaciones financieras (préstamos, créditos, seguros).

2. **Exenciones en operaciones exteriores**

   - Exportaciones de bienes fuera de la Unión Europea.
   - Entregas de bienes destinados a regímenes aduaneros especiales.

▍EJEMPLO 1 (OPERACIÓN EXENTA INTERIOR)

Un colegio privado reconocido cobra una matrícula de 1.500 €. Aunque cumple los requisitos de una prestación de servicios en España por parte de un profesional, está exento de IVA.

▍EJEMPLO 2 (OPERACIÓN EXENTA EXTERIOR)

Una empresa española exporta maquinaria a Argentina por valor de 50.000 €. Esta operación está exenta de IVA, ya que la tributación se realiza en el país de destino.

Tipo de operación	Características	Ejemplos
Sujetas	Cumplen todos los requisitos de la Ley del IVA	Venta de ropa, prestación de servicios profesionales, importación de bienes
No sujetas	No entran en el ámbito de aplicación del impuesto	Transmisión de una empresa en bloque, traslado interno de mercancías
Exentas	Están dentro del ámbito de aplicación, pero la ley las libera del impuesto	Servicios médicos, enseñanza, exportaciones, operaciones financieras

Tabla 4.1. Cuadro comparativo de operaciones

Conclusión

*La distinción entre operaciones **sujetas, no sujetas y exentas** constituye la base de la contabilidad del IVA. Solo entendiendo esta clasificación es posible registrar correctamente las operaciones en los libros auxiliares, determinar el IVA soportado y repercutido y realizar correctamente las liquidaciones periódicas.*

*Para un contable, identificar si una operación lleva IVA, no lo lleva o está exenta es el **primer paso antes de hacer cualquier asiento contable**.*

4.2 TIPOS DE IVA VIGENTES EN ESPAÑA

El Impuesto sobre el Valor Añadido (IVA) no se aplica de forma única ni uniforme, sino que la legislación española establece **diferentes tipos impositivos** en función de la naturaleza del bien o servicio que se comercializa.

Esta diferenciación responde a criterios **económicos, sociales y de política fiscal**:

- ▸ Algunos productos básicos, de primera necesidad, tienen un IVA reducido o superreducido, para que sean más accesibles a los consumidores.

▶ Otros productos considerados no esenciales o de consumo general aplican el tipo general, que es el más elevado.

Comprender los distintos tipos de IVA es esencial porque influye en:

1. **La emisión de facturas.** El contable debe aplicar el tipo correcto según el producto o servicio.

2. **La contabilidad.** Cada tipo genera un registro diferente en los libros auxiliares.

3. **La fiscalidad.** El cálculo final de la liquidación del IVA dependerá de la correcta aplicación de los tipos.

En este apartado se estudiarán los **tres tipos de IVA vigentes en España** (general, reducido y superreducido), acompañados de ejemplos y un cuadro comparativo.

4.2.1 IVA general (21 %)

El tipo general del IVA es el más común y se aplica a la mayoría de bienes y servicios. Representa la **norma general**, mientras que los otros tipos (reducido y superreducido) son excepciones.

▶ **Porcentaje aplicable:** 21 %.

▶ **Ámbito:** casi todos los bienes y servicios no incluidos en las categorías reducidas.

▶ **Objetivo:** es la principal fuente de recaudación del IVA.

EJEMPLOS DE BIENES Y SERVICIOS CON IVA GENERAL (21 %)

▶ Ropa y calzado.

▶ Electrodomésticos y muebles.

▶ Productos tecnológicos (ordenadores, móviles, tablets).

▶ Automóviles.

▶ Servicios de asesoría, consultoría o publicidad.

EJEMPLO DE FACTURA CON IVA GENERAL

Una tienda vende un ordenador por 800 €.

- Base imponible: 800 €
- IVA (21 %): 168 €
- Total factura: 968 €

En contabilidad, este IVA se registrará como IVA repercutido (477).

4.2.2 IVA reducido (10 %)

El tipo reducido se aplica a bienes y servicios que, sin ser de primera necesidad absoluta, tienen un alto impacto social y económico, como la alimentación, la vivienda o el transporte.

- **Porcentaje aplicable:** 10 %.

- **Ámbito:** productos y servicios básicos de la vida cotidiana, especialmente en hostelería y vivienda.

- **Objetivo:** hacer más asequibles estos bienes a la población.

EJEMPLOS DE BIENES Y SERVICIOS CON IVA REDUCIDO (10 %)

- Alimentos en general (excepto los básicos de primera necesidad que van al 4 %).

- Servicios de hostelería y restauración.

- Transporte de viajeros y equipajes.

- Venta de viviendas de nueva construcción.

- Servicios culturales (entradas de cine, teatro, espectáculos en vivo).

EJEMPLO DE FACTURA CON IVA REDUCIDO

Un restaurante emite una factura por un menú de 30 €.

- Base imponible: 30 €
- IVA (10 %): 3 €
- Total factura: 33 €

En contabilidad, este IVA también se registrará en la cuenta de IVA repercutido (477), pero diferenciado por tipo impositivo en los libros auxiliares.

4.2.3 IVA superreducido (4 %)

El tipo superreducido se aplica a bienes considerados absolutamente esenciales o de especial interés social, como los alimentos básicos, los medicamentos y la cultura escrita.

▼ **Porcentaje aplicable:** 4 %.

▼ **Ámbito:** productos de primera necesidad y algunos servicios culturales.

▼ **Objetivo:** garantizar el acceso de toda la población a estos bienes fundamentales.

EJEMPLOS DE BIENES Y SERVICIOS CON IVA SUPERREDUCIDO (4 %)

▼ Pan, leche, frutas, verduras, huevos.

▼ Medicamentos para uso humano.

▼ Libros, periódicos y revistas (en papel o digitales).

▼ Viviendas de protección oficial.

▼ Sillas de ruedas y material sanitario de apoyo.

EJEMPLO DE FACTURA CON IVA SUPERREDUCIDO

Una librería vende un libro de texto por 40 €.

▼ Base imponible: 40 €

▼ IVA (4 %): 1,60 €

▼ Total factura: 41,60 €

Este IVA, al igual que los anteriores, se registra en los libros auxiliares, en la cuenta de IVA repercutido (477).

4.2.4 Cuadro comparativo de tipos de IVA

Tipo de IVA	Porcentaje	Bienes y servicios a los que se aplica	Ejemplo
General	21 %	Bienes y servicios en general (ropa, electrodomésticos, coches, tecnología)	Venta de un ordenador: 800 € + 21 % IVA
Reducido	10 %	Alimentación, hostelería, transporte, vivienda, cultura	Factura de restaurante: 30 € + 10 % IVA
Superreducido	4 %	Alimentos básicos, medicamentos, libros, prensa, VPO	Compra de libro de texto: 40 € + 4 % IVA

Conclusión

La correcta aplicación de los tipos de IVA es esencial en la práctica contable. Un error en el cálculo o en la asignación del tipo impositivo puede generar problemas serios:

▾ Facturas incorrectas.

▾ Declaraciones trimestrales erróneas.

▾ Sanciones fiscales por parte de Hacienda.

Por ello, el contable debe tener perfectamente claro qué tipo de IVA corresponde a cada operación, y asegurarse de que los libros auxiliares de IVA reflejan correctamente los diferentes porcentajes aplicables. En la página de la AEAT:

https://sede.agenciatributaria.gob.es/Sede/iva/calculo-iva-repercutido-clientes/tipos-impositivos-iva.html

Se muestran los tipos impositivos reducidos que se aplican a bienes y servicios, tanto actualmente, como en años anteriores.

4.3 CONTABILIZACIÓN DEL IVA

Una de las mayores dificultades para quienes se inician en la contabilidad es comprender que el IVA **no constituye ni un gasto ni un ingreso para la empresa**.

La empresa actúa como **intermediaria entre Hacienda y los consumidores**:

- **Soporta IVA** cuando adquiere bienes y servicios de sus proveedores.
- **Repercute IVA** cuando vende bienes o presta servicios a sus clientes.

En términos prácticos, la empresa paga IVA en sus compras y cobra IVA en sus ventas, pero no se queda con él. En cada liquidación, compensa ambos importes y abona a Hacienda la diferencia (o recibe devolución si ha soportado más de lo repercutido).

De aquí surge la importancia de distinguir entre:

1. **IVA soportado**: el que paga la empresa en sus compras.
2. **IVA repercutido**: el que cobra la empresa a sus clientes.
3. **IVA soportado no deducible**: aquel que, aunque se paga en una compra, no se puede compensar fiscalmente.

4.3.1 IVA soportado

El IVA soportado es el impuesto que la empresa paga cuando compra bienes o servicios necesarios para desarrollar su actividad económica. Este impuesto se registra en la cuenta **472 "Hacienda Pública, IVA soportado"**.

Su importancia es clave porque, en la liquidación trimestral, el IVA soportado se resta al IVA repercutido para determinar cuánto debe ingresar la empresa a Hacienda.

EJEMPLO

La empresa adquiere mercancías por un importe de 1.000 € más el 21 % de IVA. La factura queda desglosada de la siguiente manera:

- ▸ Base imponible: 1.000 €

- ▸ IVA (21 %): 210 €

- ▸ Total factura: 1.210 €

Cuenta	Debe (€)	Haber (€)
(600) Compras	1.000	—
(472) IVA soportado	210	—
(400) Proveedores	—	1.210

Tabla 4.2. Asiento contable

✓ Explicación

- ▸ El gasto imputable a la actividad es únicamente la **base imponible** de la compra (**1.000 €**), ya que representa el valor real de las mercancías adquiridas.

- ▸ El IVA soportado (210 €) no constituye un gasto para la empresa: es un impuesto deducible que podrá compensarse o recuperarse en la liquidación periódica del IVA.

- ▸ La deuda generada con el proveedor asciende al total de la factura, es decir, 1.210 €, que se registra en el Haber de la cuenta 400 Proveedores.

4.3.2 IVA repercutido

El IVA repercutido es el impuesto que la empresa cobra a sus clientes en cada venta o prestación de servicios. Este importe no pertenece a la empresa: debe guardarlo y posteriormente ingresarlo en Hacienda.

Se registra en la cuenta **477 "Hacienda Pública, IVA repercutido"**.

▍EJEMPLO

Una empresa vende productos por valor de 2.000 € más un 21 % de IVA.

- ▶ Base imponible: 2.000 €
- ▶ IVA (21 %): 420 €
- ▶ Total factura: 2.420 €

Cuenta	Debe (€)	Haber (€)
(430) Clientes	2.420	—
(700) Ventas	—	2.000
(477) IVA repercutido	—	420

Tabla 4.3. Asiento contable

✓ Explicación

- ▶ El ingreso real de la empresa son los **2.000 €** de ventas.

- ▶ Los 420 € de IVA repercutido son un dinero que la empresa ha cobrado, pero que no le pertenece, ya que debe ingresarlo en Hacienda en la liquidación.

4.3.3 IVA soportado no deducible

En ocasiones, aunque la empresa pague IVA en una compra, **no está autorizada a deducirlo** en su liquidación. En ese caso, ese IVA debe considerarse un mayor gasto o valor del activo adquirido.

Las situaciones más frecuentes en las que el IVA soportado no es deducible son:

- ▶ Adquisición de bienes o servicios no directamente relacionados con la actividad económica.

- ▶ Vehículos de turismo de uso mixto (personal y empresarial), salvo excepciones.

- ▶ Multas, sanciones o determinados gastos de representación.

▌ EJEMPLO

Una empresa compra un coche por valor de 20.000 € más 4.200 € de IVA. El vehículo se utiliza tanto para fines empresariales como personales, por lo que el IVA no es deducible.

Cuenta	Debe (€)	Haber (€)
(218) Elementos de transporte	24.200	—
(400) Proveedores	—	24.200

Tabla 4.4. Asiento contable

✓ Explicación

- ▼ El IVA (4.200 €) no se registra en la cuenta 472 (IVA soportado), ya que no es deducible.

- ▼ En su lugar, se suma al valor del activo, de manera que el coche se contabiliza por **24.200 €**

Tipo de IVA	Cuenta contable	Tratamiento	Ejemplo
IVA soportado	(472)	Se paga en compras y se deduce en la liquidación	Compra de mercancías 1.000 € + IVA 210 €
IVA repercutido	(477)	Se cobra en ventas y se ingresa a Hacienda	Venta de productos 2.000 € + IVA 420 €
IVA soportado no deducible	Se añade al gasto o activo correspondiente	No puede deducirse en la liquidación	Compra de coche 20.000 € + IVA 4.200 € → total 24.200 €

Tabla 4.5. Cuadro comparativo de los tres tipos de IVA en contabilidad

La correcta contabilización del IVA es fundamental para la empresa, no solo porque afecta a sus registros contables, sino también porque tiene consecuencias fiscales directas.

El lector debe grabarse una idea clave:

▸ El IVA soportado (deducible) **se recupera**.

▸ El IVA repercutido **se entrega a Hacienda**.

▸ El IVA soportado no deducible **incrementa el coste de la operación**.

4.4 EL IVA EN OPERACIONES INTRACOMUNITARIAS

El comercio dentro de la Unión Europea (UE) tiene un tratamiento fiscal particular. Desde la creación del mercado único, se eliminó la figura de las aduanas interiores entre países miembros, lo que permite la libre circulación de bienes y servicios.

Sin embargo, esto plantea un reto fiscal: ¿cómo y dónde se paga el IVA cuando la compraventa se realiza entre empresas situadas en distintos Estados miembros?

La regla general es clara:

▸ El IVA se liquida en el **país de destino** de los bienes o servicios.

▸ Se utiliza el mecanismo llamado **"inversión del sujeto pasivo"**, mediante el cual el comprador es quien declara simultáneamente el IVA repercutido y el soportado.

Este sistema evita fraudes, simplifica las transacciones y asegura que el impuesto se ingrese en el Estado donde efectivamente se consume el bien o servicio.

4.4.1 Identificación de facturas intracomunitarias

Las facturas intracomunitarias no son iguales a las nacionales. Para que una empresa pueda beneficiarse del régimen especial de IVA intracomunitario, deben cumplirse ciertas condiciones formales y de identificación.

Requisitos fundamentales de las facturas intracomunitarias

1. **Número de IVA intracomunitario (NIF-IVA):**

   - Tanto el emisor como el receptor deben disponer de un número de identificación fiscal válido a efectos de IVA en la UE.

   - En España, este número se obtiene a través del **Registro de Operadores Intracomunitarios (ROI)**.

2. **Referencia a la inversión del sujeto pasivo:**

   - En la factura debe constar expresamente la mención:

     "Operación intracomunitaria – inversión del sujeto pasivo".

   - De esta forma, el proveedor no repercute IVA y el comprador se encarga de autorrepercutirlo en su país.

3. **Datos comunes a toda factura:**

   - Número y fecha.
   - Identificación completa de emisor y receptor.
   - Descripción de la operación (bienes o servicios).
   - Importe de la base imponible.

EJEMPLO DE FACTURA INTRACOMUNITARIA

Una empresa española compra mercancías a un proveedor alemán por 10.000 €.

La factura emitida por la empresa alemana incluirá:

- Base imponible: 10.000 €

- IVA: 0 € (no se aplica IVA en origen).

- Leyenda: "Operación intracomunitaria – inversión del sujeto pasivo".

- NIF-IVA de proveedor alemán y NIF-IVA de empresa española.

4.4.2 Contabilización de operaciones intracomunitarias

La contabilidad de las operaciones intracomunitarias requiere un registro especial. Como el proveedor no repercute IVA, es la empresa compradora la que debe **autorrepercutirse** el impuesto en su país, registrándolo a la vez como IVA repercutido y como IVA soportado.

Este mecanismo evita que haya pérdidas recaudatorias y mantiene el principio de neutralidad del IVA.

EJEMPLO 1: COMPRA INTRACOMUNITARIA

Una empresa española compra mercancías a un proveedor francés por valor de 20.000 €. El tipo de IVA en España aplicable es el 21 %.

Cuenta	Debe (€)	Cuenta (€)	Haber
(600) Compras	20.000	—	
(472) IVA soportado	4.200	—	
—	—	(400) Proveedores UE	20.000
—	—	(477) IVA repercutido	4.200

Tabla 4.6. Asiento contable en la empresa española

✓ Explicación

- ▶ Se registra la compra por 20.000 € en la cuenta 600.

- ▶ La empresa autorrepercute 4.200 € de IVA (21 %), anotándolo en la cuenta 477 (IVA repercutido).

- ▶ Simultáneamente, se deduce ese mismo importe en la cuenta 472 (IVA soportado).

- ▶ El efecto neto sobre el resultado es **cero**, ya que el IVA repercutido y el soportado se compensan.

EJEMPLO 2: VENTA INTRACOMUNITARIA

Una empresa española vende mercancías a una empresa italiana por valor de 15.000 €.

Cuenta	Debe (€)	Cuenta	Haber (€)
(430) Clientes UE	15.000	—	—
—	—	(700) Ventas	15.000

Tabla 4.7. Asiento contable en la empresa española

✓ Explicación

▸ No se registra IVA repercutido en España, porque la operación está exenta en origen.

▸ El comprador italiano será el encargado de autorrepercutirse el IVA en Italia.

Tipo de operación	IVA en la factura	Registro en España
Compra intracomunitaria	IVA = 0 % en origen. Comprador se autorrepercute el IVA	Se registra IVA repercutido (477) y simultáneamente IVA soportado (472). Efecto neutro
Venta intracomunitaria	IVA = 0 % en origen. Comprador aplica IVA en destino	Solo se registra la venta (700). No se contabiliza IVA repercutido

Tabla 4.8. Cuadro comparativo

Conclusión

El tratamiento del IVA en operaciones intracomunitarias se basa en el principio de que el impuesto debe liquidarse en el país de destino. Para ello se utiliza el mecanismo de la **inversión del sujeto pasivo**, *que obliga al comprador a declararse a sí mismo el IVA.*

Para el contable, la clave está en:

1. *Identificar correctamente la factura intracomunitaria.*
2. *Registrar el IVA tanto en el Debe como en el Haber, de manera que el efecto sea neutro.*
3. *Diferenciar entre compras (con autorrepercusión) y ventas (sin IVA en origen).*

4.4.3 Ejercicios de contabilización del IVA

1. Ejercicio: IVA soportado en compras

✓ Enunciado

La empresa "Papelería Escolar, S.L." compra material de oficina por 500 € más un 21 % de IVA, a crédito con un proveedor.

- **PASO 1. Calcular el IVA**
  - Base imponible: 500 €
  - IVA (21 %): 105 €
  - Total factura: 605 €
- **PASO 2. Identificar cuentas**
  - 600 "Compras" → gasto (500 €).
  - 472 "Hacienda Pública, IVA soportado" → impuesto deducible (105 €).
  - 400 "Proveedores" → deuda con proveedor (605 €).
- **PASO 3. Asiento contable**

Cuenta	Debe (€)	Cuenta	Haber (€)
(600) Compras	500	—	—
(472) IVA soportado	105	—	—
—	—	(400) Proveedores	605

✓ Explicación

El IVA soportado se registra como un derecho frente a Hacienda, que se compensará en la liquidación.

2. Ejercicio: IVA repercutido en ventas

✓ Enunciado

La empresa "Papelería Escolar, S.L." vende productos a un cliente por 1.200 € más un 21 % de IVA. El cliente paga al contado mediante banco.

- PASO 1.   **Calcular el IVA**

  ▼ Base imponible: 1.200 €

  ▼ IVA (21 %): 252 €

  ▼ Total factura: 1.452 €

- PASO 2.   **Identificar cuentas**

  ▼ 430 "Clientes" o 572 "Bancos" → cobro (1.452 €).

  ▼ 700 "Ventas" → ingreso (1.200 €).

  ▼ 477 "Hacienda Pública, IVA repercutido" → impuesto a entregar a Hacienda (252 €).

- PASO 3.   **Asiento contable**

Cuenta	Debe (€)	Cuenta	Haber (€)
(572) Bancos	1.452	—	—
—	—	(700) Ventas	1.200
—	—	(477) IVA repercutido	252

✓ Explicación

El IVA repercutido se cobra al cliente, pero no es ingreso para la empresa, ya que deberá ingresarse en Hacienda en la liquidación.

3. Ejercicio: IVA soportado no deducible

✓ Enunciado

La empresa compra un coche por 25.000 € más un 21 % de IVA (5.250 €). El vehículo se utiliza parcialmente para fines particulares, por lo que el IVA no es deducible.

- **PASO 1.** **Calcular el total de la operación**

  ▼ Base imponible: 25.000 €

  ▼ IVA (21 %): 5.250 €

  ▼ Total factura: 30.250 €

- **PASO 2.** **Identificar cuentas**

  ▼ 218 "Elementos de transporte" → activo fijo (30.250 €).

  ▼ 400 "Proveedores" → deuda con proveedor (30.250 €).

- **PASO 3.** **Asiento contable**

Cuenta	Debe (€)	Cuenta	Haber (€)
(218) Elementos de transporte	30.250	—	—
—	—	(400) Proveedores	30.250

✓ Explicación

El IVA no puede deducirse y, por tanto, se incluye dentro del valor del coche. El activo se contabiliza por el total con IVA incluido.

4. Ejercicio combinado: liquidación trimestral del IVA

✓ Enunciado

Durante un trimestre, la empresa ha realizado las siguientes operaciones:

▼ Compras: 10.000 € + IVA (21 %).

▼ Ventas: 18.000 € + IVA (21 %).

- **PASO 1. Calcular el IVA soportado**

  ▼ 10.000 × 21 % = 2.100 €

- **PASO 2. Calcular el IVA repercutido**

  ▼ 18.000 × 21 % = 3.780 €

- **PASO 3. Determinar la liquidación**

  ▼ IVA repercutido − IVA soportado = 3.780 − 2.100 = 1.680 € a ingresar en Hacienda.

- **PASO 4. Asiento de liquidación**

Cuenta	Debe (€)	Cuenta	Haber (€)
(477) IVA repercutido	3.780	—	—
—	—	(472) IVA soportado	2.100
—	—	(4750) HP acreedora IVA	1.680

✓ Explicación

La empresa ha recaudado más IVA en sus ventas que el que ha pagado en sus compras, por lo que debe abonar la diferencia a Hacienda.

Estos ejercicios muestran que la correcta contabilización del IVA requiere:

1. Identificar bien el tipo de operación (compra, venta, gasto no deducible).

2. Registrar el IVA en las cuentas adecuadas (472, 477 o como mayor valor de un activo/gasto).

3. Tener en cuenta la liquidación periódica, donde se compensa soportado y repercutido.

4.5 LIQUIDACIÓN DEL IMPUESTO

La liquidación del IVA es uno de los procesos más importantes dentro de la contabilidad fiscal de una empresa. Mientras que los apartados anteriores se han centrado en cómo registrar el **IVA soportado** (el que se paga a proveedores) y el **IVA repercutido** (el que se cobra a clientes), este apartado explica cómo se realiza el paso final: **informar a Hacienda del impuesto y abonar la diferencia entre ambos**.

La liquidación no es un mero trámite burocrático. Tiene una importancia clave porque:

1. Permite cumplir con las obligaciones fiscales de la empresa y evitar sanciones.

2. Asegura la transparencia y veracidad de la información financiera.

3. Condiciona la tesorería: según el resultado, la empresa deberá pagar a Hacienda o podrá compensar/devolver saldos a su favor.

En este bloque se explican los plazos, el procedimiento y se presentan ejemplos prácticos adaptados a PYMES, que son las empresas que más habitualmente trabajan con liquidaciones trimestrales.

4.5.1 Plazos de declaración-liquidación

El IVA se liquida de manera periódica, lo que significa que la empresa debe informar regularmente a Hacienda sobre las operaciones realizadas y abonar el impuesto correspondiente. Los plazos dependen del tamaño de la empresa y de su régimen fiscal.

✓ **Tipos de plazos**

1. **Trimestral (la mayoría de PYMES y autónomos):**
   - 1er trimestre: del 1 al 20 de abril.
   - 2º trimestre: del 1 al 20 de julio.
   - 3er trimestre: del 1 al 20 de octubre.
   - 4º trimestre: del 1 al 30 de enero del año siguiente.

2. **Mensual (grandes empresas y entidades inscritas en REDEME):**

   - Plazo: hasta el día 30 del mes siguiente al periodo que se liquida.

3. **Declaración anual (modelo 390):**

   - Resumen anual obligatorio para todos los sujetos pasivos, salvo algunas excepciones.

   - Se presenta durante el mes de enero del año siguiente.

▌**EJEMPLO**

Una PYME que liquida de forma trimestral debe presentar el modelo 303 en octubre correspondiente al 3er trimestre (julio, agosto y septiembre).

4.5.2 Procedimiento de liquidación del IVA

La liquidación consiste en calcular la diferencia entre el IVA repercutido y el IVA soportado, y declarar el resultado ante Hacienda mediante el modelo 303 (en el caso de España).

El procedimiento general puede dividirse en los siguientes pasos:

1. **Suma de todo el IVA repercutido del periodo**

   - Se obtiene a partir de las facturas emitidas (ventas).

2. **Suma de todo el IVA soportado deducible del periodo**

   - Se obtiene a partir de las facturas recibidas (compras y gastos relacionados con la actividad).

3. **Cálculo de la diferencia**

   - IVA repercutido – IVA soportado = Resultado de la liquidación.

4. **Determinación del resultado**

   - Si es positivo → la empresa debe pagar a Hacienda.
   - Si es negativo → la empresa tiene derecho a compensarlo en liquidaciones futuras o solicitar devolución en la declaración anual.

Cuenta	Debe (€)	Cuenta	Haber (€)
(477) IVA repercutido	(importe total)	—	—
—	—	(472) IVA soportado	*importe total*
—	—	(4750) HP acreedora IVA	*Resultado de la liquidación*

Tabla 4.9. Asiento contable típico de liquidación

Este asiento refleja el cierre de las cuentas de IVA y la aparición de la deuda (o derecho) frente a Hacienda.

4.5.3 Ejemplos de liquidación modelo PYMES

EJEMPLO 1: RESULTADO A INGRESAR

Durante el segundo trimestre de 2025, una PYME presenta las siguientes cifras:

- IVA repercutido: 12.000 €
- IVA soportado deducible: 8.000 €

Cálculo:

12.000 – 8.000 = 4.000 € a ingresar.

Cuenta	Debe (€)	Cuenta	Haber (€)
(477) IVA repercutido	12.000	—	—
—	—	(472) IVA soportado	8.000
—	—	(4750) HP acreedora IVA	4.000

Tabla 4.10. Asiento contable

La empresa deberá abonar 4.000 € a Hacienda en el modelo 303.

EJEMPLO 2: RESULTADO A COMPENSAR

Durante el tercer trimestre de 2025, la misma empresa obtiene:

- IVA repercutido: 7.500 €
- IVA soportado deducible: 9.000 €

Cálculo:

7.500 – 9.000 = –1.500 € → saldo a compensar.

En este caso, la empresa no ingresa nada en Hacienda, y podrá restar esos 1.500 € en futuras liquidaciones.

Cuenta	Debe (€)	Cuenta	Haber (€)
(477) IVA repercutido	7.500	—	—
(470) HP deudora IVA	1.500	—	—
—	—	(472) IVA soportado	9.000

Tabla 4.11. Asiento contable

EJEMPLO 3: DECLARACIÓN ANUAL (RESUMEN MODELO 390)

Al cierre del ejercicio, la empresa presenta el resumen anual del IVA, que recoge todas las liquidaciones trimestrales.

- Total IVA repercutido anual: 45.000 €
- Total IVA soportado anual: 38.000 €
- Diferencia: 7.000 € a ingresar.

La presentación del modelo 390 confirma y resume todas las declaraciones realizadas durante el año.

Conclusión

La liquidación del IVA es el momento en el que se materializa la función de la empresa como recaudadora del impuesto. Aunque el IVA soportado y repercutido se registran durante el año en los libros auxiliares, la liquidación periódica es la que define si la empresa debe ingresar dinero en Hacienda o puede compensar/devolver saldos a su favor.

Para un contable, es esencial dominar:

▼ Los plazos de declaración.

▼ El procedimiento paso a paso.

▼ La contabilización mediante los asientos de liquidación.

Con ello se asegura el cumplimiento fiscal y se evita que la empresa incurra en sanciones o errores contables.

4.6 CUESTIONARIO

1. **¿Qué función cumple el Plan General de Contabilidad (PGC)?**
   a) Establecer un cuadro de cuentas obligatorio sin excepciones
   b) Definir criterios y normas homogéneas para registrar la información contable
   c) Determinar los impuestos que debe pagar una empresa
   d) Elaborar automáticamente las cuentas anuales

2. **¿Cuál de las siguientes partes forma parte de la estructura del PGC?**
   a) Libros oficiales y auxiliares
   b) Principio de gestión financiera
   c) Marco conceptual de la contabilidad
   d) Presupuesto anual de la empresa

3. **¿Qué documento forma parte obligatoria de las cuentas anuales según el PGC?**

   a) Estado de inversiones financieras

   b) Balance de situación

   c) Plan financiero mensual

   d) Informe del auditor interno

4. **El principio de devengo implica que...**

   a) Los ingresos se registran solo cuando se cobran

   b) Los gastos se registran cuando se pagan

   c) Los ingresos y gastos deben registrarse en el momento en que ocurren

   d) Se registran solo las operaciones con impacto en caja

5. **¿Qué representa el balance de situación?**

   a) La evolución de ingresos y gastos durante el año

   b) Una fotografía del patrimonio de la empresa en una fecha concreta

   c) El detalle de las inversiones futuras

   d) La previsión de tesorería

6. **¿Qué grupos incluyen las cuentas de ingresos y gastos?**

   a) Grupos 1 y 2

   b) Grupos 3 y 4

   c) Grupos 5 y 8

   d) Grupos 6 (gastos) y 7 (ingresos)

7. **¿Qué documento NO es obligatorio para las pymes?**

   a) Balance

   b) Cuenta de pérdidas y ganancias

   c) Memoria

   d) Estado de flujos de efectivo

8. **¿Qué es el cuadro de cuentas dentro del PGC?**

   a) Una lista orientativa de empresas obligadas a llevar contabilidad

   b) Una codificación numérica de grupos, cuentas y subcuentas

   c) Un modelo de informe financiero anual

   d) Un manual de auditoría interna

9. **La amortización tiene como finalidad...**

   a) Registrar cobros futuros

   b) Actualizar el valor del inventario de mercancías

   c) Distribuir el coste de un activo a lo largo de su vida útil

   d) Compensar pérdidas financieras

10. **¿Qué documento muestra si una empresa ha obtenido beneficio o pérdida durante el ejercicio?**

    a) Estado de cambios en el patrimonio neto

    b) Memoria contable

    c) Cuenta de pérdidas y ganancias

    d) Balance de comprobación

✅ **RESPUESTAS CORRECTAS**

   1. **b**
   2. **c**
   3. **b**
   4. **c**
   5. **b**
   6. **d**
   7. **d**
   8. **b**
   9. **c**
   10. **c**

SÍGUENOS EN INSTAGRAM Y ACCEDE GRATIS A NUESTRA BIBLIOTECA DIGITAL DURANTE 30 DÍAS.

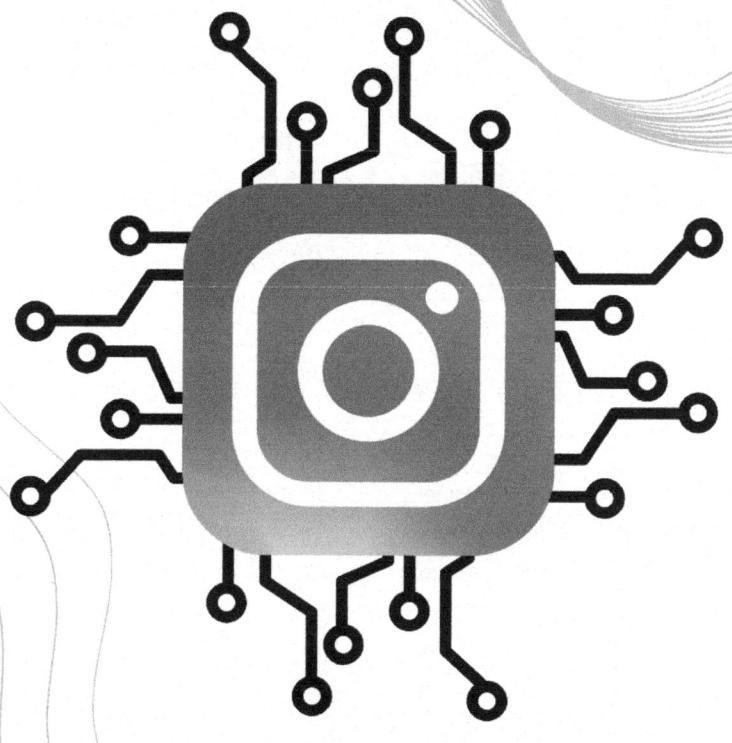

@grupoeditorialrama

¡ENVIANOS TU MAIL POR PRIVADO!

Grupo Editorial
ra-ma

40 ANIVERSARIO